Dépôt légal : avril 2010 N° imprimeur : 031757318

Imprimé en France en mars 2017 par Présence Graphique - Monts

Remerciements

À nos éditeurs,
Philippe Lahille et Jean-Pierre Delville, pour avoir cru en notre projet et s'être montrés toujours disponibles et enthousiastes.

À ma mère,
Claudine Giordano, consultante formatrice remarquable, pour m'avoir transmis sa passion des relations humaines et de toutes ces techniques qui aident à progresser dans sa vie professionnelle et personnelle. Sans sa généreuse contribution, ce livre n'aurait pas vu le jour.

À ma sœur jumelle,
Stéphanie Assante, consultante en projets professionnels (www.monavenirpro.com), pour son soutien inconditionnel, jour après jour.

RAPHAËLLE GIORDANO

IZUMI MATTEI-CAZALIS

L'AFFIRMATION DE SOI

"Ni tyran, ni carpette"

Les Secrets du docteur Coolzen

Edouard
Bonnepoire

Arthur
Cestropdur

Gudule
Chuinulle

Edmé
Lemporté

Anaë
Leffacée

Gaston
Perfection

Alex
Jecomplexe

Eliott
Zozote

Charlotte
Pleurote

ISBN : 978-2-7033-0805-8

Une marque du groupe éditorial PIKTOS,
Z.I. de Bogues – rue Gutenberg – 31750 Escalquens

www.editions-dangles.fr

Igor
Manipulator

RAPHAËLLE GIORDANO

IZUMI MATTEI-CAZALIS

L'AFFIRMATION DE SOI

"Ni tyran, ni carpette"

Les Secrets du docteur Coolzen

Dangles
EDITIONS

Sommaire

Les bafouillages
cafouillages
LES NON-
QUIPROQUO
DÉRO
RUM
Rancœur
A-PRIORI
GRRRRRR
sentiment de SUPERIORITÉ
timidité
LES GRANDS MOMENTS
DE SOLITUDE
étiquettes
RIGIDITÉ
DISCORDE
JUGEMENT
fausses croya
PRÉJUG
COUP DE GUEULE
DERO
BADE
dispute
TROUIL
pêtages-de-plomb
sentiments d'infériorité
Les dialogues qui tournent au MONOLOGUE
BLABLA
GAFFE

Préface

Vous qui tenez entre vos mains cet ouvrage d'affirmation de soi, vous avez sans aucun doute déjà compris les enjeux d'une saine assertivité pour développer des relations harmonieuses et adopter en toutes circonstances une attitude positive et constructive.

Contrairement aux idées reçues, il n'y a pas que les personnes qui manquent de confiance en elles qui ont besoin de muscler leur affirmation de soi. Celles qui cèdent à l'agressivité, aux jeux de pouvoir, à l'intransigeance, sont tout autant concernées.

Prendre les autres de haut ou ne pas savoir donner un signe de reconnaissance, n'envisager les situations que de son point de vue sans se mettre un instant dans la peau de l'autre : autant de cas qui conduisent inexorablement à des problèmes de communication et qui méritent une remise en question. Heureusement, moi, docteur Coolzen, votre expert en zénitude et guide personnel, je suis là pour vous transmettre comment adopter les bons comportements, grâce à un panaché de techniques inspirées, entre autres, de l'analyse transactionnelle, de la PNL (programmation neuro-linguistique) et de l'intelligence émotionnelle.

Grâce à ce livre tout en jeux et en images, vous mémoriserez encore plus vite les idées clefs !

En deux temps, trois mouvements, vous serez devenu(e) un super-communicant.

Docteur Coolzen,
votre guide, expert en zénitude

PUBLIÉ EN 2010

ENCYCLOPÉDIE
DES NOUVELLES SCIENCES HUMAINES

STADES D'ÉVOLUTION DE L'HOMO ASSERTIVUS

Le mot ***assertivité*** *vient de l'anglais* assertiveness, *dérivé du verbe* to assert *: "affirmer, s'affirmer, défendre ses droits, défendre son opinion".* Assertiveness *peut se traduire en français par l'****affirmation de soi****, la* ***confiance en soi****, l'****assurance personnelle****. L'assertivité est donc l'attitude grâce à laquelle on peut s'affirmer, exprimer ses idées et défendre ses droits sans empiéter sur ceux des autres. C'est faire preuve de* ***fermeté*** *dans les situations, savoir* ***poser ses limites****, faire preuve d'****empathie*** *et de* ***respect*** *pour développer des relations harmonieuses.*

Depuis ces temps anciens de la préhistoire, il en a fait du chemin, notre Homo sapiens sapiens ! *Aujourd'hui, le stade ultime de l'évolution, c'est celui* de l'Homo assertivus *: l'homme qui sait s'affirmer tout en respectant autrui.*

Fini l'âge de pierre où il fallait s'imposer à coups de gourdin. L'homme moderne sait rester maître de lui-même en toutes circonstances et créer un climat de confiance dans ses relations. Ouvert, à l'écoute, prêt à tenir sa place sans pour autant empiéter sur celle des autres : une vraie force tranquille.

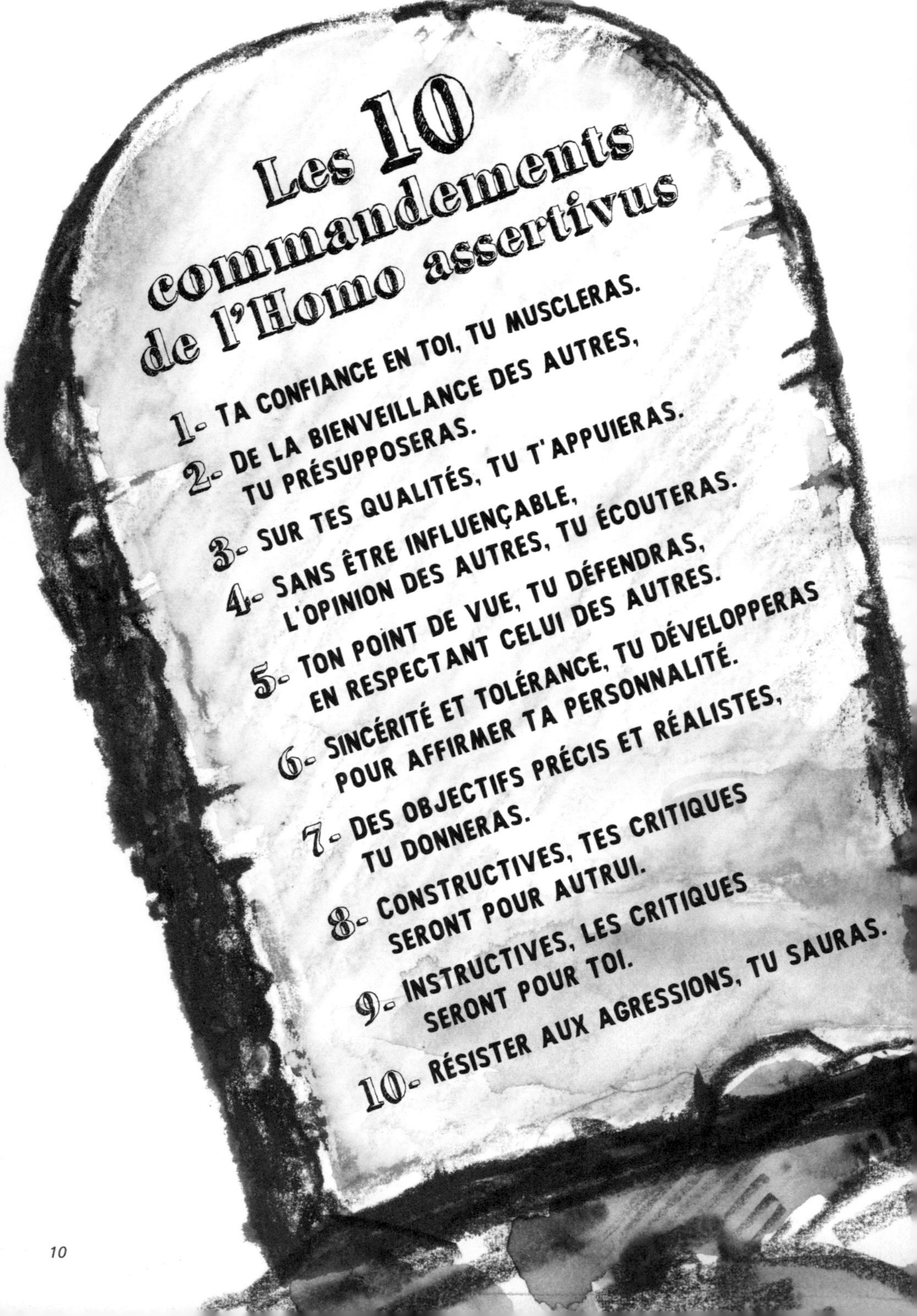
Les 10 commandements de l'Homo assertivus
1- TA CONFIANCE EN TOI, TU MUSCLERAS.
2- DE LA BIENVEILLANCE DES AUTRES, TU PRÉSUPPOSERAS.
3- SUR TES QUALITÉS, TU T'APPUIERAS.
4- SANS ÊTRE INFLUENÇABLE, L'OPINION DES AUTRES, TU ÉCOUTERAS.
5- TON POINT DE VUE, TU DÉFENDRAS, EN RESPECTANT CELUI DES AUTRES.
6- SINCÉRITÉ ET TOLÉRANCE, TU DÉVELOPPERAS POUR AFFIRMER TA PERSONNALITÉ.
7- DES OBJECTIFS PRÉCIS ET RÉALISTES, TU DONNERAS.
8- CONSTRUCTIVES, TES CRITIQUES SERONT POUR AUTRUI.
9- INSTRUCTIVES, LES CRITIQUES SERONT POUR TOI.
10- RÉSISTER AUX AGRESSIONS, TU SAURAS.

MAÎTRISER LE B.A.-BA DE L'ASSERTIVITÉ

"Êtes-vous assertif ?"

Test

RÉPONDEZ SPONTANÉMENT AUX QUESTIONS SUIVANTES EN COCHANT LE ○ SI VOUS PENSEZ "PLUTÔT VRAI", EN COCHANT LE □ SI C'EST "PLUTÔT FAUX".

		Plutôt vrai	Plutôt faux
1 -	*Parfois, votre bouche dit "oui" quand votre tête pense "non".*	○	□
2 -	*Vous ne ressentez pas le besoin de marcher sur les plates-bandes des autres pour vous défendre.*	○	□
3 -	*Pour vous, la politique de l'autruche est utile dans certaines situations.*	○	□
4 -	*Vous savez mener rondement les choses, avec autorité.*	○	□
5 -	*Vous avez l'art de faire jouer les intermédiaires.*	○	□
6 -	*Vous dites les choses sans détour mais en y mettant les formes.*	○	□
7 -	*Les gens abusent parfois de votre bonne volonté.*	○	□
8 -	*Vous dites toujours ce que vous avez à dire, quitte à ne pas faire l'unanimité.*	○	□
9 -	*Avant de choisir son camp, mieux vaut voir comment le vent va tourner.*	○	□
10 -	*Vous êtes capable d'opposer une résistance, rien que pour le principe.*	○	□
11 -	*Votre oreille a du mal à être longtemps attentive aux arguments de l'autre.*	○	□
12 -	*Vous savez tout avant tout le monde.*	○	□
13 -	*En vrai caméléon, vous avez une aisance relationnelle indéniable.*	○	□
14 -	*Vous misez sur la confiance plutôt que sur les jeux de pouvoir.*	○	□
15 -	*De peur de montrer certaines lacunes, vous ne demandez jamais d'aide.*	○	□
16 -	*Dès que vous sortez de votre cadre habituel, vous vous sentez inhibé(e).*	○	□
17 -	*Vous êtes réputé(e) pour vos coups d'éclat.*	○	□
18 -	*Vous aimez communiquer en tête-à-tête constructif.*	○	□

		Plutôt vrai	Plutôt faux
19 -	*Savoir jouer sur les sentiments permet d'arriver plus vite à ses fins.*	○	□
20 -	*Avec vous, il est difficile pour les autres "d'en placer une".*	○	□
21 -	*Qui veut la fin, veut les moyens.*	○	□
22 -	*Votre force : savoir frapper à la bonne porte au bon moment.*	○	□
23 -	*Vous trouvez toujours des compromis gagnant-gagnant.*	○	□
24 -	*Vous êtes carré(e). En affaires, vous jouez "franc-jeu".*	○	□
25 -	*Vous remettez parfois au lendemain ce que vous auriez pu faire le jour même.*	○	□
26 -	*Souvent, vous avez du mal à aller au bout de ce que vous entreprenez.*	○	□
27 -	*Vous ne feignez jamais vos sentiments.*	○	□
28 -	*Celui qui arrivera à vous en imposer n'est pas encore né.*	○	□
29 -	*L'intimidation à petite dose s'avère utile pour se faire respecter.*	○	□
30 -	*Si certains ont réussi à vous avoir, gare au match retour !*	○	□
31 -	*Il vous arrive de tirer avantage des situations en faisant habilement pression.*	○	□
32 -	*Vous tirez toujours votre épingle du jeu.*	○	□
33 -	*Vous savez rester vous-même en toutes circonstances.*	○	□
34 -	*Même dans un conflit, vous savez vous faire entendre sans crier.*	○	□
35 -	*Vous avez le souci de ne pas déranger les autres.*	○	□
36 -	*Lors d'une prise de décision, vous préférez parfois ne pas vous prononcer.*	○	□
37 -	*Vous ne voulez pas avoir raison seul(e) contre tous.*	○	□
38 -	*Prendre la parole en public ne vous pose pas de problème.*	○	□
39 -	*Vous pensez que pour réussir, il faut se battre encore et toujours.*	○	□
40 -	*À vaincre sans péril, on triomphe sans gloire... telle est votre devise audacieuse.*	○	□
41 -	*Aller au conflit est parfois plus efficace que chercher à tout prix à réduire les tensions.*	○	□
42 -	*Jouer la franchise est un bon moyen de mettre en confiance.*	○	□

		Plutôt vrai	Plutôt faux
43 -	Vous savez écouter sans interrompre.	○	□
44 -	Vous êtes de ceux qui font vraiment ce qu'ils disent.	○	□
45 -	Vous montrez des émotions fidèles à ce que vous ressentez.	○	□
46 -	Vous savez trouver les arguments pour que les autres adoptent votre projet.	○	□
47 -	Rien ne vaut un compliment bien placé pour obtenir ce que vous voulez.	○	□
48 -	Vous avez tendance à monopoliser la parole.	○	□
49 -	Vous possédez un humour corrosif.	○	□
50 -	On sait qu'on peut compter sur vous pour rendre service... parfois un peu trop !	○	□
51 -	Vous préférez rester en retrait et laisser les autres participer.	○	□
52 -	Vous n'aimez pas être sous les feux de la rampe.	○	□
53 -	Pour vous, la manipulation ne mène à rien de bon.	○	□
54 -	Vous vous gardez bien de dévoiler trop vite votre jeu.	○	□
55 -	Votre franc-parler peut choquer certaines personnes.	○	□
56 -	À tout prendre, au rôle de proie, vous préférez celui de prédateur.	○	□
57 -	Manipuler les autres est souvent le seul moyen pratique pour obtenir ce que l'on veut.	○	□
58 -	Quand il faut, vous savez contester sans agressivité.	○	□
59 -	Avant de chercher des solutions aux problèmes, vous préférez en trouver les causes.	○	□
60 -	Vous attachez beaucoup d'importance à ce que les autres pensent de vous.	○	□

REPORTEZ-VOUS AUX QUESTIONS DU TEST :

Une réponse ◯ vaut 1 point
Une réponse ☐ vaut O point

PASSIVITÉ		AGRESSIVITÉ		MANIPULATION		ASSERTIVITÉ	
1		4		3		2	
7		6		5		8	
15		10		9		14	
16		11		12		18	
17		20		13		23	
25		21		19		24	
26		28		22		27	
35		29		31		33	
36		30		32		34	
37		39		41		38	
50		40		42		43	
51		48		46		44	
52		49		47		45	
59		55		54		53	
60		56		57		58	
TOTAL /15		TOTAL /15		TOTAL /15		TOTAL /15	

Faites le total et reportez-vous
à la lecture des résultats !

INTERPRÉTATION DES RÉSULTATS

Pas de panique ! Un résultat autour de 5 ou 6 dans chaque colonne est tout à fait normal ! D'autant plus que ce test n'est pas une évaluation mais permet simplement de vous donner une indication sur votre mode de comportement préférentiel et d'identifier les situations susceptibles de vous mettre en difficultés. Ne prenez pas le score comme une note ! Essayez simplement d'identifier les situations où vous gagneriez à changer d'attitude.

SCORE ÉLEVÉ EN PASSIVITÉ

Attention ! La plupart du temps, vous n'intervenez pas, vous préférez taire vos opinions ou vos ressentis. Du coup, en "passant votre tour", vous laissez les autres choisir à votre place. Ce manque de confiance en vous vous amène souvent à accepter des choses à l'encontre de vos besoins, droits ou sentiments. Il vous arrive souvent d'avoir des remords : "J'aurais dû lui dire...". Ça vous mine et vous ruminez ! Gare à l'effet "cocotte-minute" où vous accumulez les non-dits. Vous pourriez finir par exploser ! Ou pire, vous risquez de "somatiser"... Reportez-vous vite aux 10 commandements de l'Homo assertivus, p. 10 !

SCORE ÉLEVÉ EN AGRESSIVITÉ

Il vous arrive souvent au sein d'un groupe de manifester de l'impatience, voire de l'intransigeance ! Vous avez tendance à imposer votre point de vue comme étant le bon, à ne pas reconnaître les droits des autres ni leurs besoins. Enclin à la domination, vos gestes, votre voix, sont souvent hostiles, menaçants, cassants. Vous n'hésitez pas à vous opposer, quitte à juger et condamner ceux qui ne sont pas de votre avis. Ces incessants rapports de force génèrent un climat de crainte et de malaise qui pourraient vous jouer des tours... Alors vite !
Allez consulter les 10 commandements de l'Homo assertivus, p. 10 !

SCORE ÉLEVÉ EN MANIPULATION

Ne soyons pas angélistes : il nous arrive à tous d'être un peu manipulateur pour arriver à nos fins, et c'est normal dans ce monde de brutes. Par contre, attention quand le comportement se systématise : tendance à "tirer les ficelles", à utiliser les sous-entendus, à culpabiliser les autres en utilisant leur système de valeurs, à jouer de rapports de force... Si c'est votre cas, allez vite consulter les 10 commandements de l'Homo assertivus, p. 10 !

SCORE ÉLEVÉ EN ASSERTIVITÉ

Vous avez déjà un beau capital de "confiance en soi" ! Bravo ! Vous savez assez bien affirmer vos droits tout en respectant ceux des autres. C'est ça, faire valoir sa personnalité tout en conjuguant tolérance et respect d'autrui. Ni paillasson, ni hérisson ! Vous avez l'art d'instaurer des dialogues constructifs, de ne pas rentrer dans les jeux d'agressivité ou de manipulation psychologique. Vous avez le chic pour négocier en restant dans les faits, sans pathos ni affect., avec lucidité et confiance. Continuez ainsi.

Les 4 types

Apprenez à reconnaître les comportements aux effets négatifs, tels que l'agressivité, la manipulation ou la passivité, et cultivez l'Assertiv'Attitude !

L'agressivité

L'attitude physique :

Le regard est dur, ironique. Le corps rigide et tendu, Les gestes sont souvent hostiles, menaçants. La voix est sèche et cassante. Toute l'attitude traduit une volonté de domination.

L'analyse du comportement :

L'agressif veut imposer ses idées, ses besoins ou sentiments jusqu'à nier ceux des autres.
Ses relations tournent souvent aux rapports de force. Il a tendance à être intransigeant, voire dévalorisant. Il est prompt à juger et condamner ceux qui ne sont pas de son avis.

La manipulation

L'attitude physique :

Le regard est souvent un peu fuyant ou dominateur. Les postures s'adaptent à la finalité désirée pour parvenir à ses fins. Velours ou acier, sa voix peut passer par toutes les tonalités pour mieux se jouer des sentiments de son interlocuteur.

L'analyse du comportement :

Le manipulateur est un caméléon. Il adapte son attitude et ses opinions selon ses interlocuteurs. Flatter, séduire... Il sait y faire pour tirer les ficelles. Il a l'art d'utiliser les sous-entendus et de jouer les rapports de force quand nécessaire. Il sait trouver les points sensibles chez chacun et les utiliser pour tirer le meilleur parti des situations.

de comportements

La passivité

L'attitude physique :

Le regard est parfois fuyant ou évasif. Les épaules sont légèrement rentrées, le corps un peu recroquevillé. Les traits peuvent montrer des signes d'anxiété et la voix, menue, ne porte pas assez.

L'analyse du comportement :

Le passif n'écoute pas suffisamment ses propres besoins et ne se fait pas assez confiance pour faire valoir ses droits et sentiments. Il se met trop souvent en retrait et préfère laisser les autres décider. Sa hantise : prendre la parole en public. Incapable de s'imposer, le passif en conçoit souvent des regrets et accumule de la frustration.
Il se pense "mal armé" et trouve toujours que les autres s'en sortent mieux.

L'assertivité

L'attitude physique :

Le regard est franc. L'attitude est posée et ouverte. Les épaules sont relâchées. La posture est droite et les pieds bien ancrés dans le sol. La voix est claire et ferme. Tous les signes de la maîtrise de soi sont réunis. D'emblée, l'assertif donne confiance et crée un climat propice à l'échange.

L'analyse du comportement :

L'assertif a l'art d'exprimer ses idées, valeurs et sentiments sans les imposer aux autres. Il accueille les différents avis avec ouverture d'esprit et tolérance. Dans toutes ses relations, il sait instaurer des rapports gagnant-gagnant.

Adoptez une attitude gagnant-gagnant

Pour créer des relations 100 % positives, il faut avoir une bonne estime de soi mais aussi des autres. C'est cette façon d'être qui détermine la qualité de sa communication. En analyse transactionnelle, cela s'appelle "Les positions de vie". Il y en a quatre :

LES POSITIONS DE VIE

OK +/–

"Je suis ok, vous n'êtes pas ok"

ATTENTION ! VOTRE ATTITUDE EST MÉPRISANTE. VOUS DÉVELOPPEZ UN SENTIMENT DE SUPÉRIORITÉ. VOUS PENSEZ QUE LES AUTRES SONT DES INCAPABLES ET QUE VOUS SEUL(E) POUVEZ FAIRE LES CHOSES BIEN.

OK +/+

"Je suis ok, vous êtes ok"

LE SCÉNARIO IDÉAL ! VOTRE ATTITUDE EST CONSTRUCTIVE. VOUS ÊTES DANS L'OUVERTURE ET L'ÉCHANGE.
VOTRE RAPPORT AUX AUTRES EST **GAGNANT-GAGNANT !**

OK –/–

"Je ne suis pas ok, vous n'êtes pas ok"

VOUS VOULEZ TOUT LAISSER TOMBER, RIEN NE VAUT LA PEINE. VOUS ÊTES NUL(LE). LES AUTRES SONT NULS... LE **"NERVOUS BREAKDOWN"** N'EST PAS LOIN !

OK –/+

"Je ne suis pas ok, vous êtes ok"

AÏE, AÏE, AÏE, VOUS MONTREZ UN SENTIMENT D'INFÉRIORITÉ, UNE BASSE ESTIME DE VOUS. VOUS TROUVEZ TOUJOURS QUE LES AUTRES FONT MIEUX QUE VOUS.

Jeu

RELIEZ LES PERSONNAGES À LA POSITION DE VIE QUI CORRESPOND À LEUR ATTITUDE

Edmé Lemporté

Anaë Leffacée

Gudule Chuinulle

Docteur Coolzen

- OK -/+
- OK +/+
- OK +/-
- OK -/-

Solution du jeu : Edmé Lemporté ok+/-. Anaë Leffacée ok-/+. Gudule Chuinulle ok-/-. Docteur Coolzen ok+/+.

Soyez clair et concis

Préparez vos prises de parole pour qu'elles soient dynamiques, percutantes… et brèves !
Point de longs discours labyrinthiques où vous finirez par vous perdre comme Éliott Zozote !

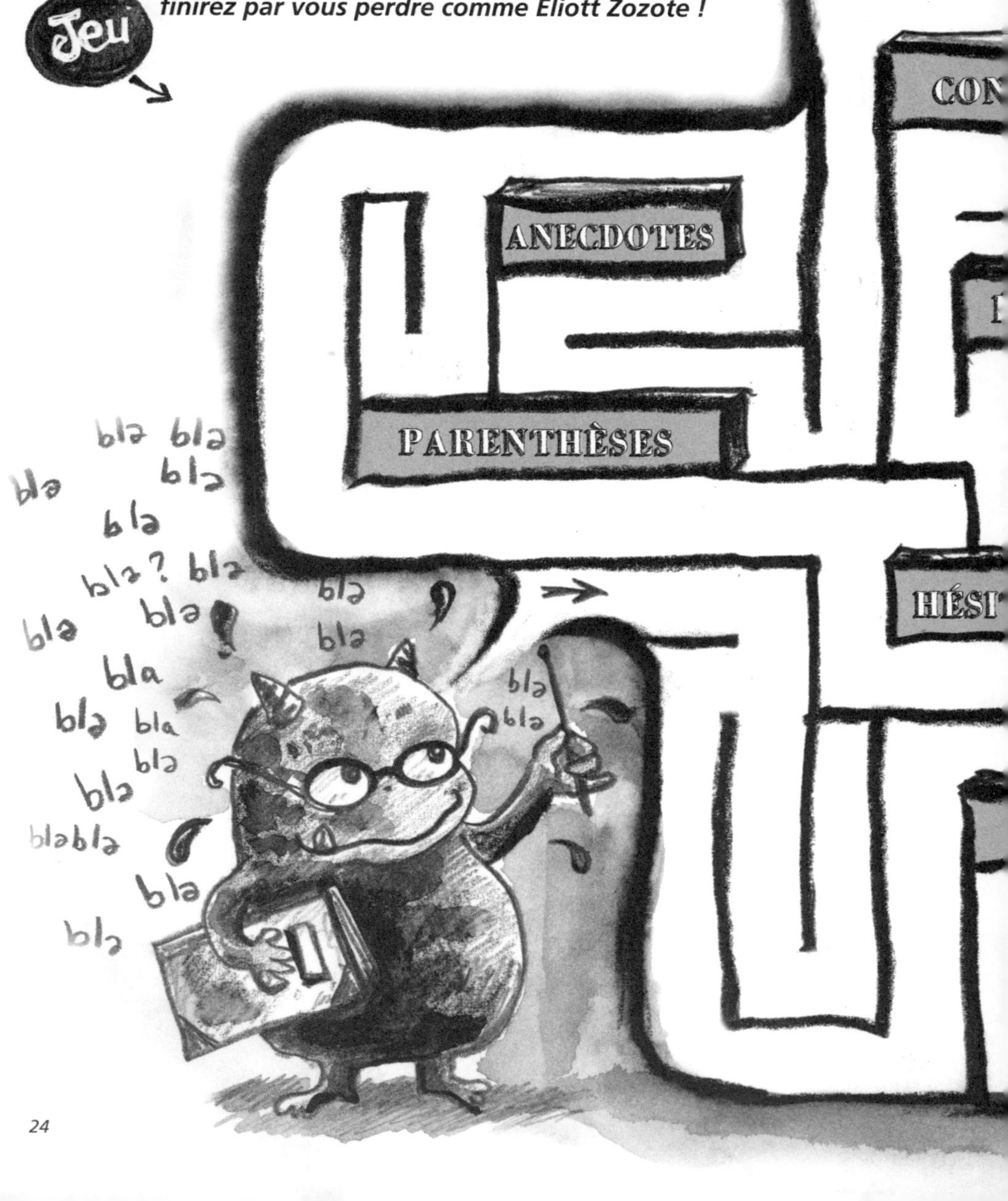

REDONDANCES
IONS
TIRADES
CUBRATIONS
DIGRESSIONS
IONS
TERGIVERSATIONS
DITES
DIVAGATIONS

Assurez vos prises de parole Les 7 conseils capitaux

CAS A : INTERVENTION PRÉPARÉE

❶ *Structurez votre prise de parole. Comme une dissertation, il faut un début, une fin, et 2 ou 3 idées clefs à développer au milieu.*

❷ *Pour attirer l'attention de votre auditoire, scénarisez votre intervention : une citation bien sentie, des images ou un petit film à projeter.*

❸ *Pensez à balayer du regard toute l'assemblée pour que tout le monde se sente concerné. Un sourire bien senti décontracte l'atmosphère et encourage les échanges.*

❹ *Faites des phrases courtes et pensez à varier les intonations de votre voix pour interpeller l'assistance. Le monocorde endort. Une touche d'humour à bon escient sait relancer l'intérêt de l'auditoire.*

❺ *Pour diminuer le stress, préparez bien votre intervention : repérez les lieux, visualisez comment vous allez occuper l'espace. Vous pouvez noter quelques informations sur le paperboard et également garder sous les yeux les grandes lignes de votre discours. Cela vous rassurera.*

❻ *Prévoyez des interactions pour dynamiser l'échange. Sollicitez votre auditoire pour trouver des idées ou soulever des questions.*

❼ *Pensez à garder une bouteille d'eau à portée de main : le trac assèche la gorge !*

CAS B : INTERVENTION IMPROVISÉE

❶ *Souriez et gagnez du temps en inventant une phrase de remerciement ou d'introduction : "Merci, monsieur le président, d'avoir la gentillesse de me passer la parole sur ce sujet" ou "Effectivement le cas de l'Amérique latine est tout à fait intéressant à étudier".*

❷ *Pendant ce temps, rassemblez vos esprits et essayez de trouver rapidement une idée à laquelle vous raccrocher. Si vous ne maîtrisez pas votre sujet, ayez l'art de le contourner en le rattachant à des connaissances que vous possédez. L'essentiel étant de ne pas vous retrouver hagard et muet devant l'assistance. Au besoin, passez habilement la main à quelqu'un d'autre : "Mais peut-être monsieur Struck qui revient des États-Unis saura nous en dire plus ?"*

❸ *Dites-vous que votre stress se voit beaucoup moins que vous ne le pensez.*

❹ *Mettez de côté votre perfectionnisme habituel et laissez parler votre spontanéité. Faites confiance à vos ressources et à votre créativité pour improviser : l'état d'urgence fait souvent ressortir d'excellentes choses. « Préparer » fige aussi les solutions.*

❺ *Adoptez une posture physique qui va vous donner de l'énergie : tête et dos droits, épaules baissées, pieds ancrés dans le sol et jambes décroisées si vous êtes assis(e).*

❻ *Évitez : les mains dans les poches, les bras croisés, le balancement d'un pied sur l'autre. Surveillez vos mots parasites : les "euh...", les "donc voilà...".*

❼ *Donnez-vous la permission que ça ne soit pas "génial" et admettez que l'improvisation est un exercice très difficile.*

Devenez un brillant orateur

Pensez-vous que les grands orateurs ont un talent inné ? Que nenni ! Des heures de travail, il leur a fallu, pour arriver au sommet de leur art. Pour marcher sur leurs pas, suivez le guide !

★ ***Travaillez votre diction : chez vous, devant la glace, lisez le texte ci-contre. Jouez la théâtralité ! Mettez le ton. L'entraînement ne vous profitera que mieux.***

★ ***Travaillez votre respiration abdominale pour mieux faire porter votre voix.***
Votre ventre se soulève quand vous inspirez doucement par le nez. Il s'abaisse quand vous expirez par la bouche. Faites comme si votre nombril pouvait toucher vos vertèbres ! À l'inverse d'une respiration thoracique haute qui donne un souffle court et saccadé, la respiration abdominale vous aidera à avoir une voix forte et claire.

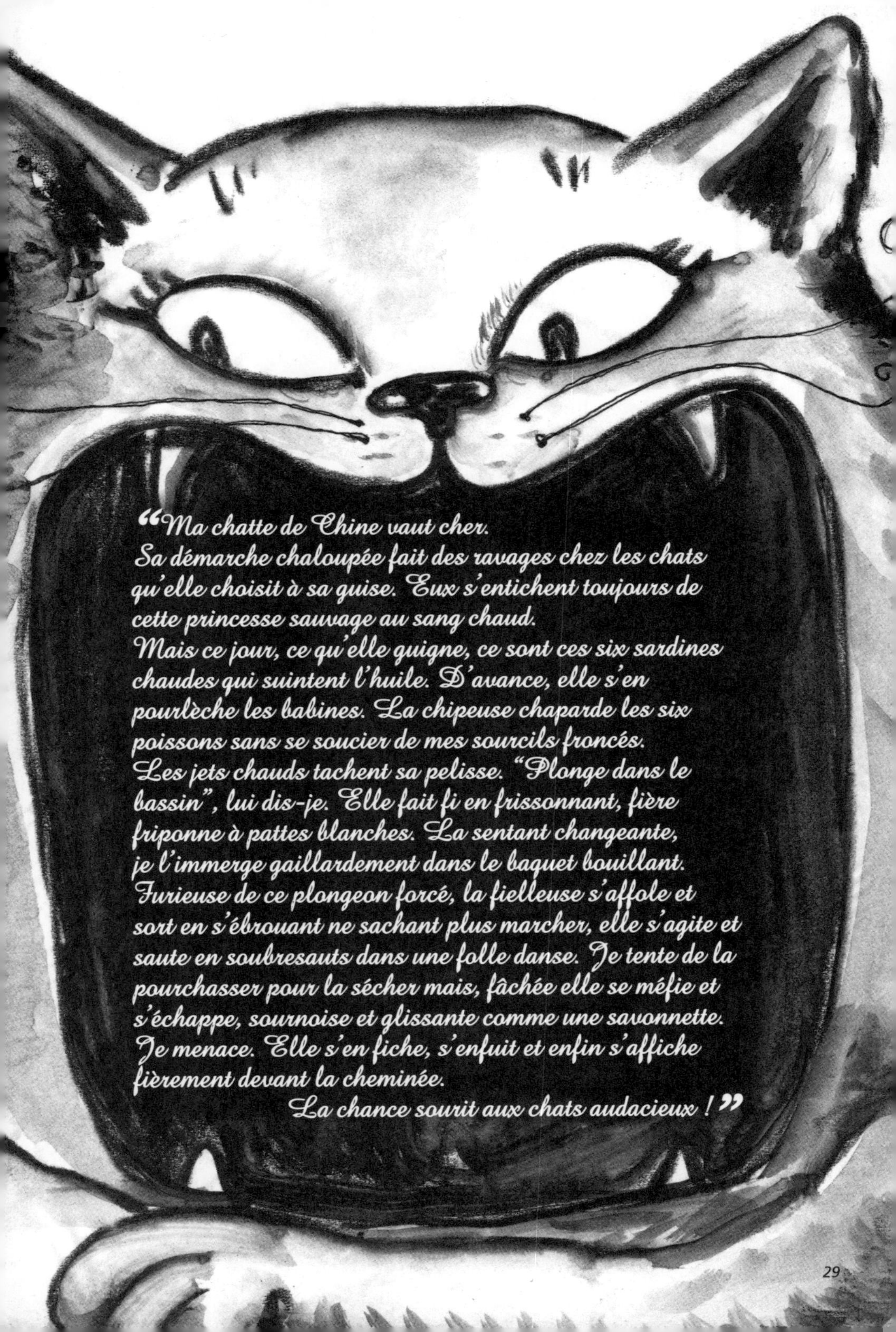

“Ma chatte de Chine vaut cher.
Sa démarche chaloupée fait des ravages chez les chats qu'elle choisit à sa guise. Eux s'entichent toujours de cette princesse sauvage au sang chaud.
Mais ce jour, ce qu'elle guigne, ce sont ces six sardines chaudes qui suintent l'huile. D'avance, elle s'en pourlèche les babines. La chipeuse chaparde les six poissons sans se soucier de mes sourcils froncés.
Les jets chauds tachent sa pelisse. “Plonge dans le bassin”, lui dis-je. Elle fait fi en frissonnant, fière friponne à pattes blanches. La sentant changeante, je l'immerge gaillardement dans le baquet bouillant.
Furieuse de ce plongeon forcé, la fielleuse s'affole et sort en s'ébrouant ne sachant plus marcher, elle s'agite et saute en soubresauts dans une folle danse. Je tente de la pourchasser pour la sécher mais, fâchée elle se méfie et s'échappe, sournoise et glissante comme une savonnette.
Je menace. Elle s'en fiche, s'enfuit et enfin s'affiche fièrement devant la cheminée.

La chance sourit aux chats audacieux !”

Mettez-vous en énergie

Pour vous sentir instantanément plus sûr(e) de vous, il vous suffit d'adopter une posture physique adéquate :

- **le corps bien droit,**
- **les épaules détendues,**
- **les pieds fermement ancrés dans le sol,**
- **la respiration calme et profonde.**

Ajoutez quelques phrases d'autosuggestion positive : "Je suis fort(e), je réussis, j'ai du talent etc.", et vous voilà prêt(e) à affronter toutes les situations !

LA POSITION DU CHÊNE

DESSINEZ DES RACINES À VOTRE ARBRE POUR VOUS ANCRER DANS LE SOL.

uis fort
je Réussis !

Communiquez efficacement

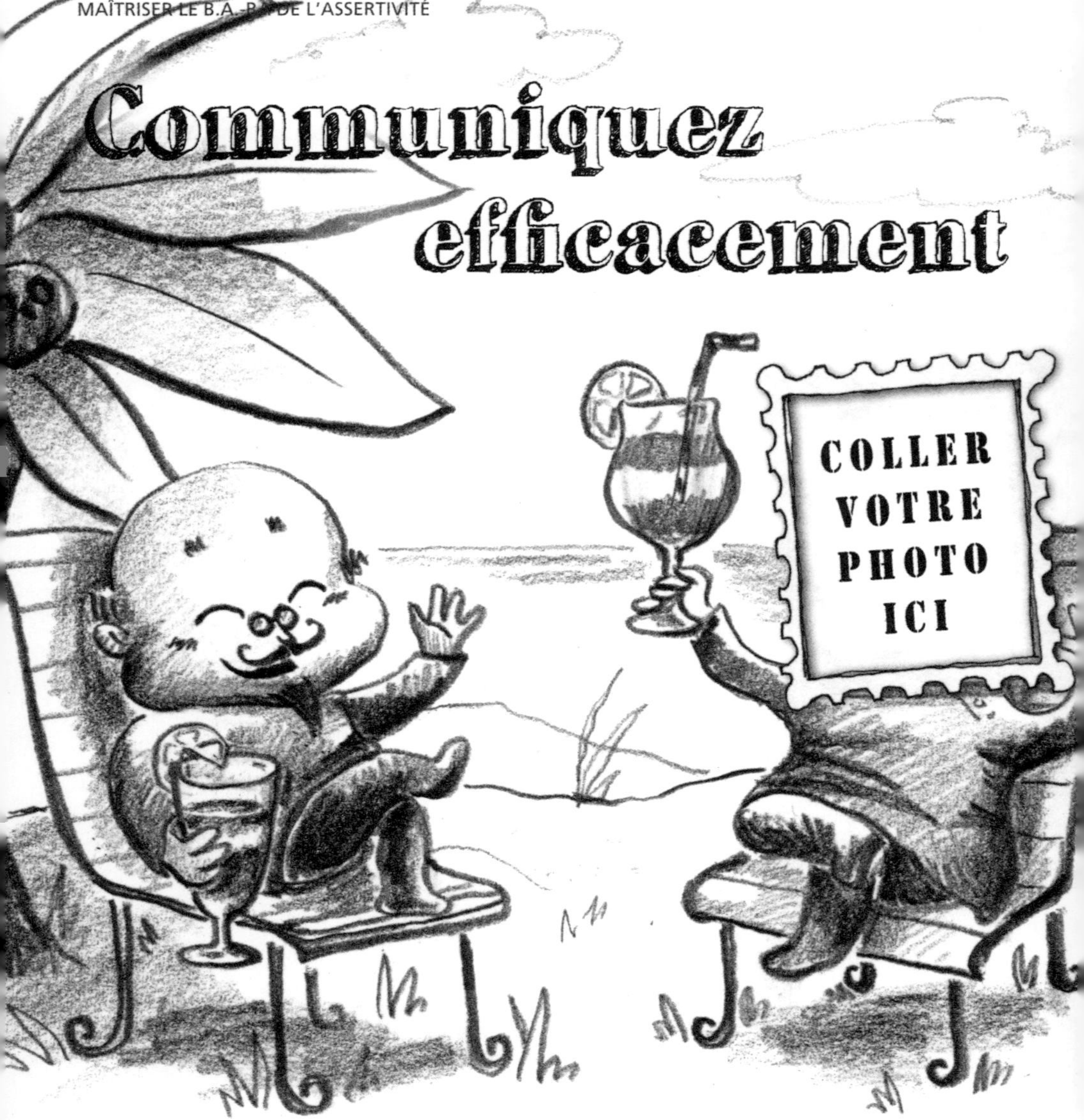

Les "atomes crochus", les "bonnes ondes", le feeling… L'alchimie d'une bonne communication paraît toujours mystérieuse. Existe-t-il une recette miracle ? Non. Mais un cocktail idéal…

Le cocktail idéal :

idée clef N°2

S'AFFIRMER EN BEAUTÉ

Fichier des petits monstres intérieurs

À travers cette galerie de monstres, vous en reconnaîtrez peut-être certains qui, de temps en temps, vous gâchent la vie. Grâce au coaching du docteur Coolzen, vous apprendrez à faire taire ces vilaines petites voix intérieures pour ne plus perdre vos moyens ni vous discréditer !

CHARLOTTE PLEUROTE **ÉLIOTT ZOZOTE**

ARTHUR CESTROPDUR **IGOR MANIPULATOR**

ÉDOUARD BONNEPOIRE

ANAË LEFFACÉE

GUDULE CHUINULLE

GASTON PERFECTION

ALEX JECOMPLEXE

EDMÉ LEMPORTÉ

COACHING COOLZEN

Comment mieux gérer vos petits monstres intérieurs ?

EXERCICES PRATIQUES SUR UNE SEMAINE

Petit monstre intérieur qui exacerbe votre sensibilité et vous fait surréagir au quart de tour. Il vous fait "prendre pour vous" la moindre remarque. Très vite, vous êtes miné(e), de manière disproportionnée. Vos cordes sensibles vous rendent un peu trop vulnérable...

Votre coaching sur mesure :

ANTI-SENSIBLOMANIE

OBJECTIFS :

- *Prendre de l'assurance.*
- *Mieux maîtriser son émotivité.*
- *Muscler son assertivité.*

Exercices pratiques sur une semaine

Lundi

Commencez un carnet d'affirmation de soi. Ce sera votre journal de bord pour noter vos progrès jour après jour. Comme premier exercice, repensez aux situations où vous vous êtes senti(e) débordé(e) émotionnellement. Les identifier vous permettra de mieux vous préparer à y faire face. Mettez des mots sur ce que vous avez ressenti. Vous êtes-vous senti(e) jugé(e), rabaissé(e), critiqué(e). Avez-vous eu un sentiment d'injustice, d'impuissance, de vulnérabilité ?

Mardi

Revoyez les positions de vie et observez-vous pendant toute la journée. À quel moment avez-vous été en -/+ ? Notez vos moments en +/+ et félicitez-vous à chaque fois que vous montrez votre assertivité.

Mercredi

Anticipez les situations qui vont réveiller votre émotivité. Entraînez-vous à la respiration abdominale. Soyez présent(e) à votre corps : sentez vos pieds fermement ancrés dans le sol, votre posture droite, sans déséquilibre, tête haute, poings fermes. Ressentez cette détermination.

Jeudi

Matin et soir, face à votre miroir, envoyez-vous des messages positifs. Votre cerveau croit ce que vous lui dites ! Il est temps de lui expliquer tout le bien que vous pensez de vous-même. Au fur et à mesure, votre image de vous va complètement changer. Parlez-vous comme votre meilleur(e) ami(e) le ferait : avec bienveillance et encouragement.

Vendredi

Entraînez-vous à ne pas "prendre tout pour vous". Dites-vous que ce qui semble très important pour vous l'est beaucoup moins pour l'autre. Essayez de faire cet "aller-retour" en vous mettant dans la peau de votre interlocuteur. Appliquez-vous à mettre une juste distance affective dans vos relations. Ne prenez pas pour du désamour un mode de communication plus informatif.

Le week-end

Faites-vous du bien ! Allez vers tout ce qui vous ressource et procure une satisfaction : loisirs créatifs, sport, jardinage, home déco… Dites-vous que vous êtes comme une plante qui fleurit quand on l'arrose ! Multipliez les occasions de vous mettre en valeur. Votre estime de vous n'en sera que renforcée.

FEEDBACK :

Quels exercices avez-vous essayés ? Certains vous ont-ils semblé difficiles, et pourquoi ?

Quels bénéfices avez-vous ressentis ?

Quelles bonnes résolutions avez-vous décidé de prendre et à qui pouvez-vous demander un soutien pour réussir ?

ÉLIOTT ZOZOTE

Petit monstre intérieur qui vous fait bafouiller et perdre le fil de votre pensée dans les moments les plus importants. Lors de toutes vos prises de parole en public, Eliott s'en donne à coeur joie !

Votre coaching sur mesure :

ANTI-TRACOMANIE

OBJECTIF : - *Maîtriser ses prises de parole.*

Exercices pratiques sur une semaine

Lundi

Commencez par identifier ce qui vous fait perdre vos moyens lors des prises de parole ? Avez-vous peur du ridicule, du regard des autres, qu'on trouve vos idées mauvaises ? Notez ces remarques dans un carnet qui vous servira de journal de bord.

Mardi

Faites un exercice d'improvisation avec vos proches. Par exemple, piochez trois mots au hasard dans un journal, à partir desquels vous devrez imaginer une courte histoire. Demandez à être filmé(e) avec un caméscope. Demandez aux autres un débrief positif : vous serez sans doute surpris(e) au visionnage de constater que votre trac se voit beaucoup moins que vous ne le pensez et que vous disposez d'insoupçonnables ressources pour assurer !

Mercredi

Ne perdez pas une occasion de prendre la parole en réunion. Cela vous entraîne ! Ayez toujours à portée de main de quoi écrire : avant de prendre la parole, vous pouvez toujours jeter quelques mots clés auxquels vous raccrocher. Vous éviterez ainsi le gros "blanc".

Jeudi

Portez-vous volontaire pour une présentation. Préparez-la soigneusement. Repérez les lieux. Scénarisez votre intervention. Ayez des supports visuels sur lesquels vous appuyer : ils seront là pour vous rassurer.

Clarifiez vos idées en amont en quelques points précis. Expliquez-les de manière claire et concise à votre auditoire sans jargonner. Balayez du regard tout votre auditoire et arrêtez-vous sur une personne acquise à votre cause. N'apprenez rien par cœur. "Ce qui se conçoit bien s'énonce clairement, et les mots pour le dire arrivent aisément". Comme le trac assèche la bouche, prévoyez une bouteille d'eau à proximité et buvez sans complexe !

Vendredi

Entraînez-vous physiquement à vous mettre en énergie. Tenez-vous droit(e), bien ferme sur vos pieds. Décrispez vos mâchoires et faites semblant de mâcher de l'eau. Ça décrispe le corps, contrairement aux postures statiques. Occupez votre espace. Visualisez une scène où vous avez connu un succès. Retrouvez les sensations éprouvées à cet instant. Remettez-vous dans cette énergie-là. Sentez-vous fier/fière et triomphant(e).

Le week-end

Inscrivez-vous à un cours d'improvisation théâtrale ou bien allez au karaoké avec des amis. Entraînez-vous à vous mettre sur le devant de la scène avec un entourage bienveillant. Vous allez voir : vous finirez par y prendre goût !

FEEDBACK :

Quels exercices avez-vous essayés ? Certains vous ont-ils semblé difficiles, et pourquoi ?

Quels bénéfices avez-vous ressentis ?

Quelles bonnes résolutions avez-vous décidé de prendre et à qui pouvez-vous demander un soutien pour réussir ?

Petit monstre intérieur qui vous pousse à être trop gentil avec les autres. Vous rendez parfois des services sans en avoir vraiment envie ou vous faites des choses qui ne correspondent pas toujours à votre système de valeurs.

Votre coaching sur mesure :

ANTI-GENTILLOMANIE

OBJECTIFS : - *S'affirmer.*
- *Poser des limites.*

Exercices pratiques sur une semaine

Lundi

Identifier la ou les personnes qui ont pour habitude de vous en demander trop. Décrivez ce que vous ressentez dans ces moments-là. Notez ces informations dans un carnet qui sera votre livre de bord d'affirmation de soi.

Mardi

Préparez-vous à dire non à l'une de ces personnes, sans agressivité. Expliquez que vous ne pouvez pas prendre la tâche confiée, mais surtout ne vous justifiez pas ! Soyez concis(e) et calme. Montrez-vous aussi rassurant : "tu sais que d'ordinaire, il n'y a pas de problème pour compter sur moi", ou "tu connais mon goût de la qualité, c'est pourquoi au vu des délais, je me dois de dire non pour garantir les résultats". Eventuellement, proposez une alternative. "Pourquoi ne demanderais-tu pas à Jacqueline, elle est excellente sur ce genre de cas et en plus elle est disponible en ce moment ?". Vous montrer aussi professionnel(le) renforcera votre crédibilité. Et vous n'en serez que plus respecté(e) à l'avenir.

Mercredi

Repérez les fois où vous faites plaisir en vous suradaptant. Voyez comment vous pouvez recadrer les situations en respectant mieux vos propres envies. Le patron peut aller se chercher un café tout seul, et le petit dernier se contenter d'une histoire au lieu de trois !

Jeudi

Faites le point sur vos envies et listez les projets que vous aimeriez mettre en œuvre pour vous. Classez-les par ordre de motivation. Prévenez votre entourage de vos bonnes résolutions : "Maintenant, le jeudi soir, c'est cours d'aquagym, vous saurez bien vous faire réchauffer un croque-monsieur au micro-ondes !". Ça vous dit quelque chose ?

Vendredi

Votre hantise, ce sont les confrontations ? Entraînez-vous à dire ce que vous avez sur le cœur sans agressivité, grâce à la technique du F.R.A.P. (p. 110). Osez exprimer vos ressentis au fur et à mesure.

Le week-end

Continuez à vous affirmer dans vos propres désirs. Faites des demandes directes à vos proches. "Tu sais, j'aimerais beaucoup qu'on aille voir une expo (votre désir) pour changer des courses de motos (le désir de l'autre)". Dans votre carnet de route, notez sur une échelle de 1 à 10 combien vous vous mettez en assertivité, jour après jour. Voyez grandir votre détermination à ne plus vous laisser marcher sur les pieds. Et souvenez-vous de la maxime : "Il y a des services si grands qu'on ne peut les payer que par l'ingratitude", disait Alexandre Dumas. En clair, on ne vous aime pas plus parce que vous vous pliez aux quatre volontés des autres. Raison de plus pour mettre en avant vos qualités et pour poser clairement vos limites.

FEEDBACK :

Quels exercices avez-vous essayés ? Certains vous ont-ils semblé difficiles, et pourquoi ?

Quels bénéfices avez-vous ressentis ?

Quelles bonnes résolutions avez-vous décidé de prendre et à qui pouvez-vous demander un soutien pour réussir ?

Petit monstre intérieur qui vous pousse à vous mettre en retrait, à ne pas donner votre avis de peur de ne pas remporter l'adhésion. Cette posture passive vous oblige à subir les événements dans un climat de frustration.

Votre coaching sur mesure :

ANTI-PASSIVOMANIE

OBJECTIFS : - *S'extérioriser.*
- *S'affirmer.*

Exercices pratiques sur une semaine

Lundi

Ouvrez un carnet de route de l'affirmation de soi. Commencez par faire la liste de vos qualités : n'est-il pas dommage de cacher quelqu'un d'aussi exceptionnel que vous ? Vous êtes unique ! Au lieu de faire un complexe de vos différences, faites-en un atout pour marquer votre personnalité.

Mardi

Dans votre journal, notez toutes les fois où vous vous êtes mis(e) en avant et où ça s'est mal passé. Puis faites des boulettes en papier avec ces pages et jetez-les à la poubelle. Dites-vous que c'est fini ! C'est derrière vous. Ça n'existe plus. Vous commencez une nouvelle ère parce que vous l'avez décidé. Prenez la mesure de tout ce qui a changé depuis : vous n'avez plus dix ans devant un tableau noir, vous n'êtes plus cet(te) étudiant(e) bredouillant(e) ou ce(tte) stagiaire largué(e).

Mercredi

Changez un détail dans votre look qui marque votre personnalité : sortez de votre coquille ! Soyez fier(e) de qui vous êtes sans craindre le regard des autres. Dites-vous bien que le pire n'est pas d'attirer des critiques mais d'inspirer l'indifférence. Alors osez vous faire remarquer.

Jeudi

Soyez force de proposition au moins une fois dans la journée. Où déjeune-t-on ce midi ? Quelle couleur on prend pour la prochaine moquette ? Café ou chocolat ? Prenez plaisir à décider au lieu de laisser les autres choisir pour vous. C'est tellement plus agréable de tenir les rênes, non ? Notez vos succès dans votre livre de bord. Savourez la joie de ne plus vous sentir "transparent(e)".

Vendredi

Pratiquez la visualisation positive : mettez-vous au calme, imaginez-vous dans une situation où vous vous sentez libre, sûr(e) de vous, plein(e) de vie. Peut-être êtes-vous en train de monter un cheval sauvage ou de barrer fièrement un trois mâts ? Peu importe : savourez cette vision et ancrez les sensations que vous éprouvez. Puisez-y une détermination nouvelle.

Le week-end

Invitez des amis à dîner. Mettez-vous en valeur par une belle présentation. Sentez comme vous êtes important(e) pour eux. Si votre cercle est trop restreint, créez-vous de nouvelles relations : participez à des activités collectives, trouver des sites de rencontres amicales (www.onvasortir.com, par exemple). Aller à la rencontre des autres vous ouvrira de nouveaux horizons. Certes, il y a le "premier pas qui coûte". Mais le jeu en vaut vraiment la chandelle.

FEEDBACK :

Quels exercices avez-vous essayés ? Certains vous ont-ils semblé difficiles, et pourquoi ?

Quels bénéfices avez-vous ressentis ?

Quelles bonnes résolutions avez-vous décidé de prendre et à qui pouvez-vous demander un soutien pour réussir ?

GUDULE CHUINULLE

Petit monstre intérieur qui vous pousse à vous dévaloriser, qui vous fait penser systématiquement à vos erreurs et échecs plutôt qu'à vos succès. L'attitude négative et anticonstructive par excellence !

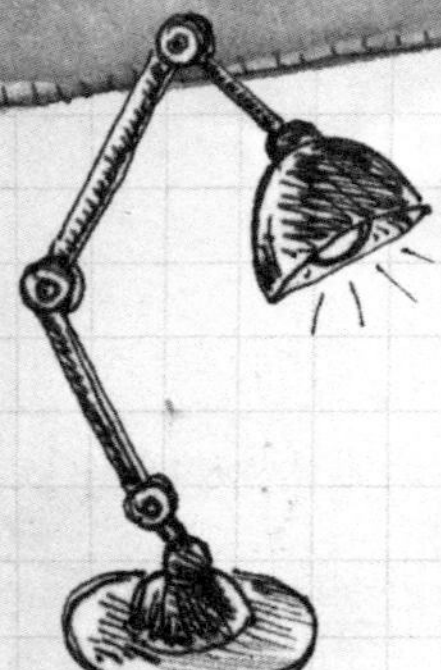

Votre coaching sur mesure :

ANTI-DÉPRESSIOMANIE

OBJECTIFS :

- *Se valoriser.*
- *Prendre confiance en soi.*
- *Arrêter de se victimiser.*

Exercices pratiques sur une semaine

Lundi

Vous trouvez que les autres réussissent toujours mieux que vous ? C'est le moment de tordre le cou à cette idée reçue ! Commencez un journal de bord d'affirmation de soi. Aujourd'hui, repensez à toutes les fois dans votre vie où vous avez assuré : cherchez bien, il y en a beaucoup plus que vous ne pensez ! Notez-les toutes. Impressionnant, non ?

Mardi

Ce matin, dressez la liste de vos qualités. En face de chacune d'elles, indiquez si, dans votre vie actuelle, vous avez l'occasion de la mettre en valeur. Si tel n'est pas le cas, vous savez ce qui vous reste à faire : créer de nouvelles opportunités au quotidien, au travail ou dans vos loisirs ! Ainsi, vous vous ressourcez et vous prendrez confiance en vos potentialités.

Mercredi

Revoyez les "positions de vie" p. 22. Identifiez avec quelles personnes vous êtes en -/+. Notez dans votre carnet ce qui vous fait peur en elles ou pourquoi elles vous font complexer. Quand vous leur parlez, ayez en tête trois de leurs défauts et trois de vos qualités. Ça vous aidera à relativiser !

Jeudi

Demandez-vous quel bénéfice vous tirez à vous trouvez. Est-ce un moyen de vous protéger pour qu'on ne vous en demande pas trop ? Est-ce un moyen de vous faire plaindre pour attirer l'attention ? Faites une séance de visualisation : vous, en train de vous dévaloriser, vous, en train de vous affirmer. Qu'est-ce qui est le plus agréable ?

Vendredi

Entraînez-vous physiquement à adopter une attitude de gagnant : tenez-vous droit(e), bien ferme sur vos pieds, sans déséquilibre, décrispez les traits de votre visage et arborez un léger sourire, baissez vos épaules et gardez la tête haute. Respirez posément. Répétez-vous mentalement des messages positifs sur vous-même, aussi souvent que possible. Si, au début, vous n'êtes pas convaincu(e), faites "comme si". Cela deviendra un automatisme si vous persévérez.

Le week-end

Mettez-vous en valeur en choisissant des activités qui vous plaisent et pour lesquelles vous avez des facilités. Faites le tri dans vos connaissances et amis : après tout, mieux vaut laisser derrière vous des gens qui, consciemment ou non, vous maintiennent dans une relation dévalorisante… Entourez-vous des bonnes personnes : bienveillantes et encourageantes !

FEEDBACK :

Quels exercices avez-vous essayés ? Certains vous ont-ils semblé difficiles, et pourquoi ?

Quels bénéfices avez-vous ressentis ?

Quelles bonnes résolutions avez-vous décidé de prendre et à qui pouvez-vous demander un soutien pour réussir ?

Petit monstre intérieur qui vous pousse à ne voir que ce qui ne va pas, à surcontrôler, à pinailler, à houspiller. Il vous amène à manquer parfois de souplesse et d'indulgence, voire de modestie.

Votre coaching sur mesure :

ANTI-SURCONTRÔLOMANIE

OBJECTIFS :

- *Gagner en souplesse et en tolérance.*
- *Lâcher prise.*

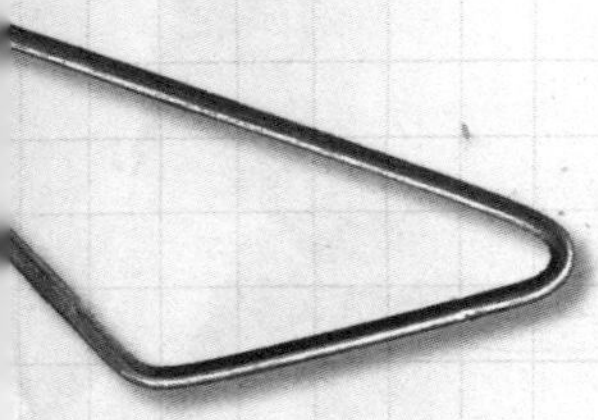

Exercices pratiques sur une semaine

Lundi

Donnez un signe de reconnaissance à toutes les personnes que vous croiserez dans la journée. "Cette coiffure vous va bien", ou "Quelle réactivité, bravo", ou "J'ai apprécié tous les efforts que vous avez faits récemment"... La seule consigne : être sincère pour que le compliment passe.

Mardi

Commencez un journal de bord. Faites la liste de tout ce qui vous horripile : le désordre ? Les gens en retard ? Les personnes qui manquent de rigueur ? Évaluez sur une échelle de 1 à 10 votre degré de contrariété par rapport à chacun des cas. Notez ensuite le degré d'importance réel de chaque chose. Prenez comme bonne résolution de "lâcher" du lest sur au moins un ou deux points.

Mercredi

Revoyez les fondamentaux de l'analyse transactionnelle (www.ifat.net) et notez les fois où vous êtes trop dans votre "parent normatif". Soit "donneur de leçons", soit "inspecteur des travaux finis"... Entraînez-vous à être dans votre adulte ok+ : ni jugeant, ni cassant. Vos relations n'en seront que meilleures.

Jeudi

Une fois dans la journée, faites une activité ludique qui fasse appel à votre "enfant libre et spontané" : jouez avec vos enfants, ou lâchez-vous sur une musique entraînante, en dansant comme un(e) fou/folle. Écoutez votre créativité pour trouver bien d'autres idées !

Vendredi

Adoptez une posture physique plus souple, moins raide. Décontractez vos épaules. Affichez un sourire sur votre visage. Déridez vos traits parfois sévères. Évitez les positions qui peuvent mettre vos interlocuteurs mal à l'aise : les bras croisés sur la poitrine, le visage fermé, le regard qui toise. N'oubliez pas que le non-verbal en dit aussi long que la parole. Synchronisez-vous physiquement sur l'autre. Il n'en sera que plus à l'écoute si vous avez des messages à faire passer.

Le week-end

Pensez à vous détendre et à vous amuser avant de passer directement à votre "to-do list" de corvées. Sachez faire attendre le repassage ou la porte à repeindre. Ce n'est pas si grave. L'important est que vous appreniez à prendre soin de vous et aussi à accorder du temps à vos proches. Votre perfectionnisme se révèle souvent chronophage. Apprenez à fermer les yeux sur ce qui n'en vaut pas la peine et concentrez-vous sur l'essentiel : profiter des bonnes choses de la vie !

FEEDBACK :

Quels exercices avez-vous essayés ?
Certains vous ont-ils semblé difficiles, et pourquoi ?

Quels bénéfices avez-vous ressentis ?

Quelles bonnes résolutions avez-vous décidé de prendre et à qui pouvez-vous demander un soutien pour réussir ?

Petit monstre intérieur qui vous pousse à baisser les bras, à vous décourager. Il vous fait voir mille Everest là où ce ne sont que collines.

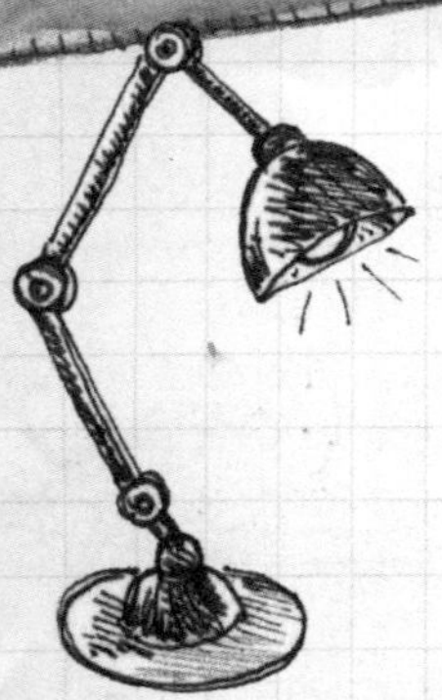

Votre coaching sur mesure :

ANTI-GALÉROMANIE

OBJECTIFS :

- *Apprendre à positiver.*
- *Savoir se motiver.*

Exercices pratiques sur une semaine

Lundi

Commencez un journal de bord pour mesurer vos progrès. Listez vos tâches à accomplir pour la semaine. Pour chacune d'elles, notez les bénéfices attendus, sources de motivation. Prévoyez, pour les missions plus longues ou laborieuses, des étapes intermédiaires. Félicitez-vous à chacune d'elles. Comme en plongée sous-marine ou en escalade, ces paliers vous aideront à trouver vos objectifs plus atteignables.

Mardi

Quand vous êtes face à une tâche qui vous semble trop difficile, faites la liste de ce que vous savez faire et ne pas faire pour atteindre l'objectif. Notez de quoi vous auriez besoin pour rendre la tâche accessible. Évaluez ce qui est de l'ordre du possible et mettez en place les solutions nécessaires.

Mercredi

Mettez-vous des "carottes" en perspective ! Pour chaque objectif atteint, vous vous offrez un cadeau ou un bon moment de détente. Certes, tout cela vous demande des efforts, mais n'oubliez pas l'adage : "À vaincre sans péril, on triomphe sans gloire." Dites-vous qu'un peu de difficulté met aussi du piment dans votre vie et donne de la valeur à vos victoires.

Jeudi

Abandonnez ce petit air piteux et musclez plutôt votre assertivité : après tout, à l'impossible, nul n'est tenu, et vous pouvez aussi choisir de refuser une mission trop difficile par rapport à vos compétences. Poser ses limites, c'est aussi se respecter. N'hésitez donc pas à vous donner certaines permissions.

Vendredi

Identifiez vos lacunes en vous remémorant les difficultés rencontrées. Envisagez des solutions pour y remédier. Formation, tutorat, réseau… Il est toujours temps de s'améliorer ! N'hésitez pas à solliciter votre entourage, collègues et amis. En général, les gens sont ravis qu'on fasse appel à leur expertise.

Le week-end

Pour vous récompenser de cette semaine d'efforts, vous êtes autorisé(e) à vous faire plaisir sans limites ! Vous pouvez même choisir les activités dans lesquelles vous excellez sans difficultés ! Riez, amusez-vous, nourrissez la cigale qui est en vous.

FEEDBACK :

Quels exercices avez-vous essayés ? Certains vous ont-ils semblé difficiles, et pourquoi ?

Quels bénéfices avez-vous ressentis ?

Quelles bonnes résolutions avez-vous décidé de prendre et à qui pouvez-vous demander un soutien pour réussir ?

IGOR MANIPULATOR

*Petit monstre intérieur qui vous fait utiliser les autres pour arriver à vos fins.
Il vous fait jouer sur les croyances, les valeurs ou les sentiments de la personne pour la manipuler.*

Votre coaching sur mesure :

ANTI-INTRIGOMANIE

OBJECTIFS :

- Eclaircir les situations.
- Jouer franc jeu.

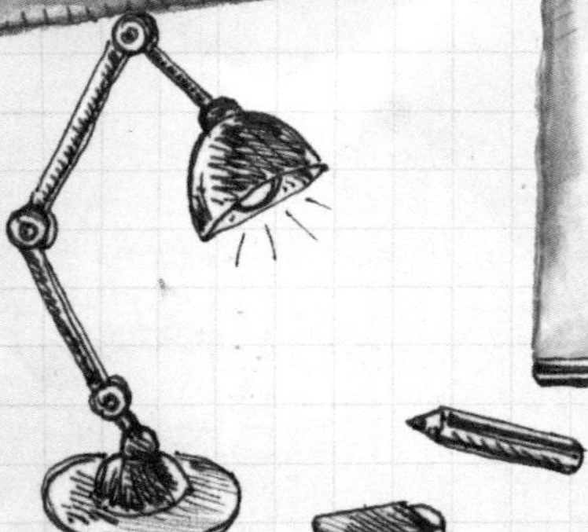

Exercices pratiques sur une semaine

Lundi

Quand vous êtes sous stress et que vous vous ennuyez, rien ne va plus : vous ne pouvez pas vous empêcher de "jouer avec les autres", de monter des intrigues, tout ça parce que ça rend le quotidien plus piquant et amusant, et c'est pour vous un besoin fondamental. Mais c'est jouer un jeu dangereux ! Prenez plutôt l'habitude de la sincérité : si vous avez quelque chose à dire à quelqu'un, dites-lui directement en vous entraînant à la méthode F.R.A.P., p. 110.

Mardi

Vous avez besoin d'une dose de Drame et de grandiloquence ? Pourquoi ne pas vous inscrire à un cours de théâtre ou d'improvisation ? Mieux vaut combler votre besoin d'intrigues dans un lieu où cela ne prête pas à conséquence…

Mercredi

Vous êtes charismatique et charmant(e). Apprenez à utiliser ces talents à bon escient. Distinguez les fois où vous êtes sincère de celles où vous jouez un rôle.

Jeudi

L'empathie n'est pas toujours votre fort. Entraînez-vous à vous mettre à la place des autres et à ressentir de la compassion sincère. Donnez des signes de reconnaissance à votre entourage : ils ne sont pas superflus !

Vendredi

Vous pensez qu'exprimer ses émotions, c'est tomber dans la sensiblerie ? Vous qui possédez une vraie finesse des situations, ouvrez-vous aussi à l'intelligence émotionnelle. Quelqu'un comme vous devrait vite comprendre tout l'intérêt de cette approche. Pour éviter, sous stress, de tomber dans vos mauvais travers, soyez plus à l'écoute de vos émotions et de celles des autres. Vous gagnerez en efficacité pour atteindre vos objectifs et donnerez à votre image ce qu'il faut d'humanité pour vous rendre vraiment sympathique.

Le week-end

Faites-vous plaisir avec des sensations fortes : rallyes, sports de vitesse, voyages improvisés… Vivez à 100 à l'heure, faites le plein d'action et de vibrations ! Fixez-vous, à court terme, des challenges à relever. Il ne vous en faut pas plus pour vous regonfler à bloc !

FEEDBACK :

Quels exercices avez-vous essayés ?
Certains vous ont-ils semblé difficiles, et pourquoi ?

Quels bénéfices avez-vous ressentis ?

Quelles bonnes résolutions avez-vous décidé de prendre et à qui pouvez-vous demander un soutien pour réussir ?

Petit monstre intérieur qui vous pousse à considérer vos défauts plutôt qu'à valoriser vos qualités, tant au niveau physique qu'intellectuel.

Votre coaching sur mesure :

ANTI-ESTIMEBASSE

OBJECTIFS :

- *Apprendre à se mettre en valeur.*
- *Muscler son estime de soi.*

Exercices pratiques sur une semaine

Lundi

Offrez-vous un journal de bord qui sera le compagnon de route de vos progrès. Commencez par noter des exemples précis de ce qui vous plaît chez d'autres et que vous enviez. Et là, deux solutions : soit le mimétisme (piquez le meilleur chez les autres est depuis toujours un excellent moyen de progresser), soit le contrepied, (faire de vos défauts un atout : voyez comment les mettre en valeur pour les tourner à votre avantage).

Mardi

Affirmez votre personnalité. Faites la liste de vos qualités et trouvez des situations où vous mettre en valeur. Pourquoi ne pas vous offrir un relooking pour entendre les conseils de spécialistes ? Choisissez bien vos accessoires pour vous donner confiance !

Mercredi

Essayez des disciplines sportives qui vous donneront de l'assurance corporelle : danse, mime, arts martiaux. Notez vos sensations physiques, en quoi cela vous libère et vous fait vous sentir bien.

Jeudi

Quand vous vous prenez à envier quelqu'un, imaginez trois des complexes que cette personne peut avoir dans sa vie. Même si c'est une fiction, cela vous aidera à relativiser. Vous seriez peut-être aussi étonné(e) de savoir ce qu'elle pense de vous et de vos complexes. Ces cheveux bouclés que vous trouvez affreux sont peut-être un rêve pour elle qui a les cheveux plats dont vous rêvez ! Ou vous, monsieur, ce nez trop fort que vous détestez lui fait penser au profil charismatique d'un Belmondo ou d'un Anconina.

Vendredi

Revoyez les positions de vie (p. 22) et demandez-vous quel intérêt vous avez à faire du -/+ ? Est-ce si agréable de vous auto dévaloriser ? Repensez aux fois dans votre enfance où on vous a fait sentir nul(le) et moche. Jetez mentalement ces souvenirs à la poubelle et tirez symboliquement un trait. Sentez grandir en vous une nouvelle détermination : celle de vous affirmer et de vous accepter tel(le) que vous êtes. En visualisation positive, maximisez les souvenirs des fois où vous vous êtes senti(e) beau/belle et confiant(e). Repassez-vous souvent le film !

Le week-end

Même si c'est le week-end, interdit d'enfiler un jogging informe ! Hors de question de vous donner une occasion de complexer ! Habillez-vous chic, soignez votre apparence et organisez un brunch tendance dont vous serez le maître d'œuvre. Soyez fier(e) de vous et sentez comme il est agréable d'avoir une petite cour autour de soi ! Ayez la pêche et le sourire, ça balayera bien vite tous vos complexes. Brillez de l'intérieur, et rien ne vous résistera.

FEEDBACK :

Quels exercices avez-vous essayés ?
Certains vous ont-ils semblé difficiles, et pourquoi ?

Quels bénéfices avez-vous ressentis ?

Quelles bonnes résolutions avez-vous décidé de prendre et à qui pouvez-vous demander un soutien pour réussir ?

EDMÉ LEMPORTÉ

Petit monstre intérieur qui vous pousse à surréagir, voir rouge, partir au quart de tour : des cris, râleries et réprimandes qui ôtent de la crédibilité à vos interventions et nuisent à la qualité de votre communication.

Votre coaching sur mesure :

ANTI- SURRÉACTIVOMANIE

OBJECTIF :

- *Gagner en self-control.*

Exercices pratiques sur une semaine

Lundi

Commencez un carnet de bord du self-control. Identifiez toutes les situations qui ont tendance à vous faire sortir de vos gonds. Anticiper est une bonne façon de se préparer à garder son calme. Prévoyez votre manière de réagir si la situation se présente à nouveau. Vous pouvez préparer des répliques assertives. Vous pouvez décider de quitter la pièce et vous isoler pour retrouver votre sérénité avant un face-à-face.

Mardi

Inventez-vous une phrase "mantra" à vous répéter au moment où vous sentez venir une crise d'exaspération. À ce moment-là, respirez très fort et soufflez bien, répétez en boucle quelques instants votre mantra. Par exemple : "Je suis calme, cela ne mérite pas de s'énerver, je respire, ce n'est pas grave... Coolzen, Coolzen, Coolzen."

Mercredi

Pourquoi ne pas vous intéresser à un sport qui aide à contrôler ses émotions et à apaiser ses tensions ? Yoga, relaxation, natation… Tout ce qui peut faire redescendre votre degré de nervosité et d'excitation sera excellent pour vous !

Jeudi

Prévoyez des accessoires ludiques déstressants : chez vous, désignez un "coussin de la colère" sur lequel taper quand vous êtes énervé(e). Ayez une pile d'assiettes en carton à déchirer plutôt que de casser la vraie vaisselle. Offrez-vous quelques objets anti stress à malaxer.

Vendredi

Derrière la colère se cache souvent un sentiment de tristesse. Identifiez pour chaque situation ce qui vous fait de la peine. Vous sentez-vous incompris(e), dénigré(e), incompétent(e), pas reconnu(e), mis(e) en doute ? Mettez des mots sur ce que vous ressentez et notez-les dans votre carnet. Si vous voulez faire part à certaines personnes de votre ressenti, préparez un F.R.A.P. (p. 110) pour le dire avec fermeté mais en douceur. "Quand on arrive à bien se parler, les solutions viennent sans tarder", parole de Docteur Coolzen !

Le week-end

Prévoyez des activités qui vous ressourcent et vous détendent. Créez chez vous un petit "coin zen" où vous pourrez au moins une fois par jour vous accorder quelques instants de relaxation. Vous pourrez y installer quelques bougies, pourquoi pas un peu d'encens, une image apaisante ou un bouddha. La "zénitude", ça se travaille, comme un muscle ! Essayez de passer quelques minutes au quotidien à respirer, à prendre conscience des tensions dans votre corps et à les relâcher. L'idéal : solliciter un proche pour un massage aux huiles essentielles !

FEEDBACK :

Quels exercices avez-vous essayés ?
Certains vous ont-ils semblé difficiles, et pourquoi ?

Quels bénéfices avez-vous ressentis ?

Quelles bonnes résolutions avez-vous décidé de prendre et à qui pouvez-vous demander un soutien pour réussir ?

Mettez en cage vos petits monstres

Jeu

REGARDEZ LA PAGE DES CAGES EN TRANSPARENCE, EN LA PLAÇANT SOUS UNE SOURCE DE LUMIÈRE OU CONTRE VOTRE FENÊTRE, À LA LUMIÈRE DU JOUR.

VOUS VERREZ APPARAÎTRE LES PETITS MONSTRES EMPRISONNÉS.

Igor Manipulator

Eliott Zozote

REGARDEZ LA PAGE DES CAGES EN TRANSPARENCE, EN LA PLAÇANT SOUS UNE SOURCE DE LUMIÈRE OU CONTRE VOTRE FENÊTRE, À LA LUMIÈRE DU JOUR.

VOUS VERREZ APPARAÎTRE LES PETITS MONSTRES EMPRISONNÉS.

Alex Jecomplexe

Gaston Perfection

Arthur Ceotropdur

Anaë
Leffacée

Gudule
Chuinulle

Edmé
Lemporté

Charlotte
Pleurote

Edouard
Bonnepoire

*“Le sage a honte
de ses défauts
mais n’a pas honte
de s’en corriger.”*

Proverbe chinois

Rien de tel, pour relâcher la pression, que de s'autoriser un peu de "laisser-aller".

Ah, les permissions, c'est si bon !

BON

pour une permission

Se la couler douce une journée

BON

pour une permission

Être moins performant(e) sur un dossier

BON

pour une permission

Ne pas mettre les petits plats dans les grands

BON

pour une permission

Ne pas checker ses mails du week-end

BON

pour une permission

marquez ici votre permission

....

BON

pour une permission

Être trop fatigué(e) pour une invitation à dîner

BON

pour une permission

marquez ici votre permission

....

BON
pour une permission

Ne pas être Superman

ou Wonderwoman

BON
pour une permission

marquez ici votre permission

....

BON
pour une permission

marquez ici votre permission

....

BON
pour une permission

Laisser les enfants se

débrouiller un peu tout seuls

BON
pour une permission

marquez ici votre permission

....

BON
pour une permission

marquez ici votre permission

....

BON
pour une permission

marquez ici votre permission

....

BON
pour une permission

Offrez ce bon à quelqu'un

que vous aimez bien

....

Apprenez à dire NON !

*TROIS **A** QUI RIMENT AVEC ASSERTIVITÉ*

★ Attitude physique :

Redressez-vous, tenez-vous droit(e), campez vos pieds dans le sol, décrispez vos traits, décroisez vos bras. Prenez une intonation calme et ferme.

★ Attitude psychologique :

Soyez blindé(e) par rapport à la réaction de l'autre. Ne vous laissez pas intimider et ne faites pas non plus "l'éponge à émotions". Ce n'est pas à vous de gérer la frustration ou le désarroi de l'autre. Dans le cadre du travail, ayez un discours très pro : "Vous savez que vous pouvez toujours compter sur moi. Là, je ne peux vraiment pas vous prendre ce dossier. Je peux par contre vous mettre en relation avec quelqu'un qui est disponible et très compétent."
À la maison, soyez conciliant : "Non, je ne rangerai pas cette chambre à ta place. Par contre, après, je suis ok pour faire un jeu avec toi."
Règle d'or : ne vous justifiez pas.
Si la personne insiste, utilisez la technique du disque rayé : répétez votre non en boucle ! Tenez bon !

★ Attitude intellectuelle :

Mesurez bien les conséquences de votre NON avant de le faire. Que gagnez-vous, que perdez-vous ? Pesez le pour et le contre, et voyez si le jeu en vaut la chandelle. Le NON doit être utilisé à bon escient sous peine de se casser les dents. Mais s'il est légitime et réfléchi, il faut l'oser absolument.

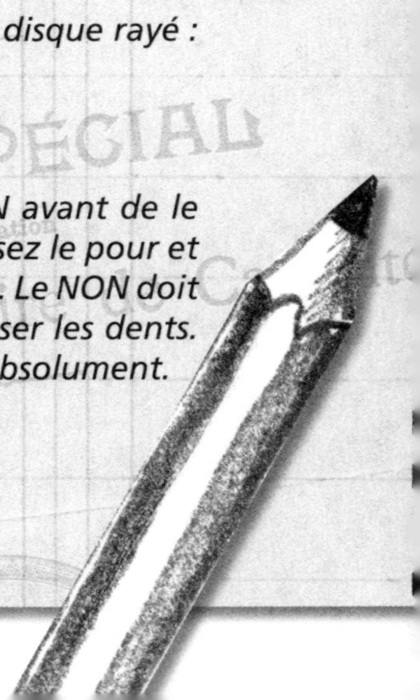

Jeu

RECOPIEZ 100 FOIS :
"JE SUIS CAPABLE DE DIRE NON" *

Je suis capable de dire non.
Je suis capable de dire non.
Je suis capable de dire non.
Je suis capable de dire non.

* *photocopier la page plusieurs fois si nécessaire*

Cultivez vos qualités

SOUS CHAQUE FLEUR, NOTEZ UNE DE VOS QUALITÉS. CHAQUE MATIN, RELISEZ-LES À HAUTE VOIX. VOUS DONNEZ-VOUS SUFFISAMMENT D'OCCASIONS DE LES METTRE EN VALEUR ?

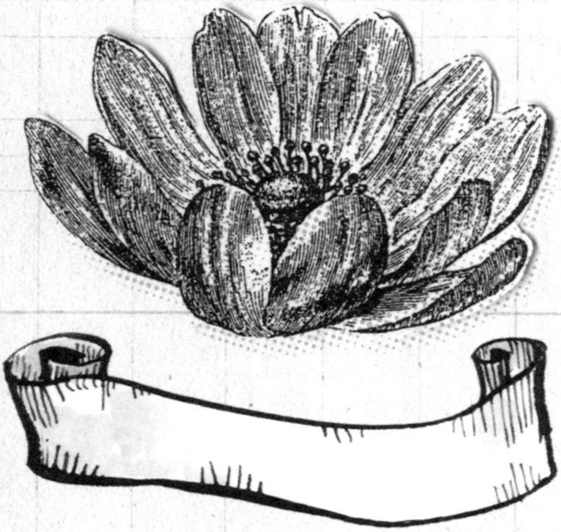

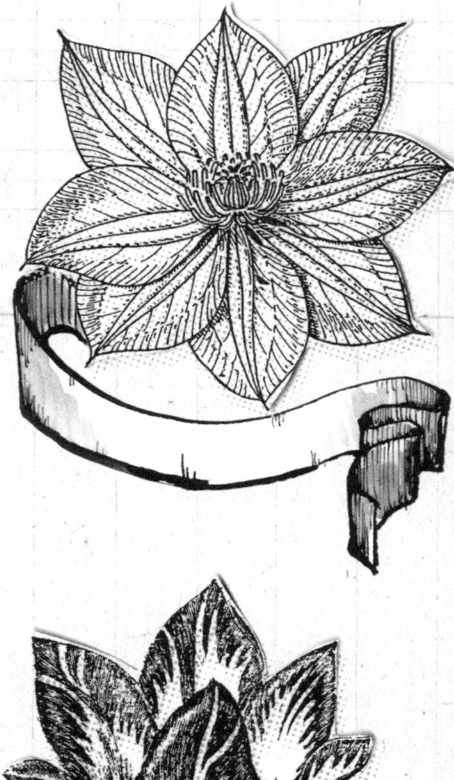

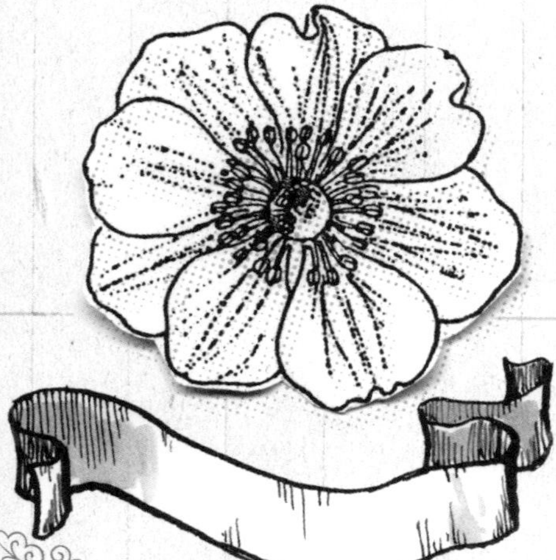

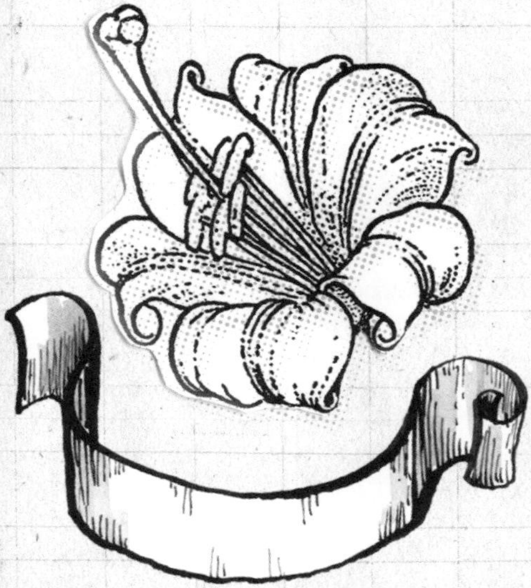

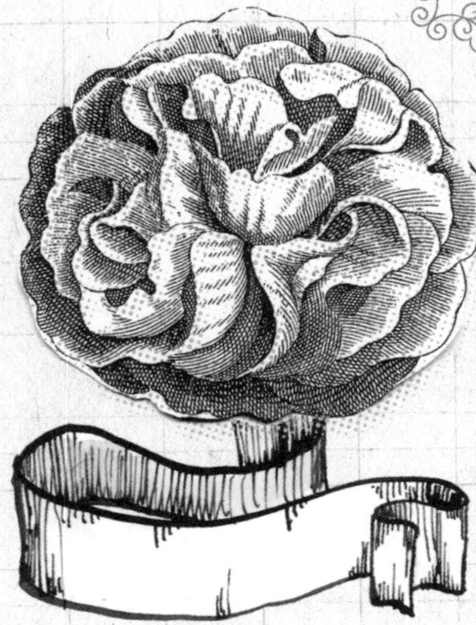

**Plantez ici
une qualité que
vous aimeriez
faire pousser.**

Créez votre répertoire "moments bonheur"

L'esprit humain est ainsi fait : on ressasse plutôt ses échecs que ses succès. Heureusement, le docteur Coolzen vous propose de créer un répertoire de bons souvenirs, dans lequel vous pourrez piocher des images mentales capables de renforcer votre estime de vous. Elles vous aideront dans vos exercices de visualisation : quand vous sentez une baisse de moral, mettez-vous dans un endroit calme où vous ne serez pas dérangé(e). Installez-vous dans une position confortable, détendez vos muscles, respirez calmement. Fermez les yeux et "revivez" un des souvenirs heureux de votre répertoire. Sentez la confiance vous gagner à nouveau et une énergie positive affluer dans votre corps. À utiliser sans modération.

CRÉATION DU RÉPERTOIRE "MOMENTS BONHEUR", MODE D'EMPLOI :

❶ *Offrez-vous un vrai petit répertoire téléphonique dans le commerce.*

❷ *Pour chaque lettre de l'alphabet, pensez à un mot ou plusieurs, renvoyant à des concepts positifs. Exemple : A comme "Amour", "Amitié", "Ambition"…*

❸ *Par association d'idées, rappelez-vous d'un souvenir heureux lié à l'un de ces mots. Ce n'est pas grave si rien ne vient pour certaines lettres de l'alphabet, mais essayez quand même de vous plier au jeu. Exemple "Ambition" peut renvoyer au souvenir du premier entretien d'embauche où vous avez "cartonné" et après lequel, de joie, vous avez embrassé un passant dans la rue !*

❹ *Décrivez précisément ce souvenir en quelques lignes, en vous remémorant les sensations physiques, les sons, les parfums, les émotions. Vous le rendrez d'autant plus présent à votre esprit.*

❺ *Ne faites pas l'exercice en une fois !*
Ce serait trop laborieux. Remplissez votre répertoire au fur et à mesure. Votre "mémoire à bons souvenirs" sera de plus en plus affûtée et votre esprit s'habituera à se focaliser plutôt sur le positif que sur le négatif.

A

À quels mots cela vous fait-il penser ?
Amour ? Ambition ? Amitié ? Argent ? . ...

Choisissez un merveilleux souvenir lié au mot choisi et décrivez la scène précisément : les sons, les odeurs, le temps qu'il faisait, vos émotions et vos sensations physiques.

B

À quels mots cela vous fait-il penser ?
Bébé ? Bougies ? Bonheur ? Bretagne (un lieu de vacances, par ex.) ? Bruce ou Brigitte (votre premier amour) ? . ...

Choisissez un merveilleux souvenir lié au mot choisi et décrivez la scène précisément : les sons, les odeurs, le temps qu'il faisait, vos émotions et vos sensations physiques.

C

À quels mots cela vous fait-il penser ? Chine (votre voyage Erasmus) ? Cabaret (la fois où vous êtes monté(e) sur scène) ? Clown (votre oncle Denis qui avait le don de vous faire rire aux éclats) ? . ...

Choisissez un merveilleux souvenir lié au mot choisi et décrivez la scène précisément : les sons, les odeurs, le temps qu'il faisait, vos émotions et vos sensations physiques.

D

À quels mots cela vous fait-il penser ?

Dodo (votre plus belle sieste crapuleuse) ? Diamant (votre demande en mariage) ? Dent (la première « petite souris ») ?

Choisissez un merveilleux souvenir lié au mot choisi et décrivez la scène précisément : les sons, les odeurs, le temps qu'il faisait, vos émotions et vos sensations physiques.

E

À quels mots cela vous fait-il penser ?

Enfant (la naissance du vôtre) ? Espagne (les vacances de votre enfance) ? Escrime (la fois où vous avez remporté le championnat) ?

Choisissez un merveilleux souvenir lié au mot choisi et décrivez la scène précisément : les sons, les odeurs, le temps qu'il faisait, vos émotions et vos sensations physiques.

F

À quels mots cela vous fait-il penser ?

Fierté ? Fête (la plus belle de votre vie) ? Film (celui qui vous a transporté(e)) ?

Choisissez un merveilleux souvenir lié au mot choisi et décrivez la scène précisément : les sons, les odeurs, le temps qu'il faisait, vos émotions et vos sensations physiques.

G

À quels mots cela vous fait-il penser ?

Gala (un moment d'exception) ? Gâteau (les moments magiques avec votre grand-mère) ? Glaces (celles que vous dégustiez, enfant, pendant les grandes vacances) ?

Choisissez un merveilleux souvenir lié au mot choisi et décrivez la scène précisément : les sons, les odeurs, le temps qu'il faisait, vos émotions et vos sensations physiques.

H

À quels mots cela vous fait-il penser ?

Houx (votre plus beau Noël) ? Hollande (un week-end inoubliable en amoureux) ? Honneur (une fois où vous avez été publiquement félicité(e)) ?

Choisissez un merveilleux souvenir lié au mot choisi et décrivez la scène précisément : les sons, les odeurs, le temps qu'il faisait, vos émotions et vos sensations physiques.

I

À quels mots cela vous fait-il penser ? Inspiration (une œuvre que vous avez créée) ? Immeuble (le premier appartement que vous avez acheté) ? Igloo (votre séjour au pôle Nord !) ?

Choisissez un merveilleux souvenir lié au mot choisi et décrivez la scène précisément : les sons, les odeurs, le temps qu'il faisait, vos émotions et vos sensations physiques.

J

À quels mots cela vous fait-il penser ? *Jeu (vos moments les plus drôles et les plus excentriques) ? Jambon (un barbecue inoubliable avec des gens fabuleux) ? Jean (le vêtement qui vous rappelle les années lycée et les chouettes copains) ?*

Choisissez un merveilleux souvenir lié au mot choisi et décrivez la scène précisément : les sons, les odeurs, le temps qu'il faisait, vos émotions et vos sensations physiques.

K

À quels mots cela vous fait-il penser ?
K-way (une randonnée mémorable) ? Kayak (un souvenir de vacances) ? Kit-Kat (les délicieux goûters de votre enfance) ?

Choisissez un merveilleux souvenir lié au mot choisi et décrivez la scène précisément : les sons, les odeurs, le temps qu'il faisait, vos émotions et vos sensations physiques.

L

À quels mots cela vous fait-il penser ? *Liberté (le jour où vous avez quitté le giron familial) ? Langoustines (celles que vous avez dégustées pendant votre voyage de noces) ? Langoureux (votre plus beau plan Love)*

Choisissez un merveilleux souvenir lié au mot choisi et décrivez la scène précisément : les sons, les odeurs, le temps qu'il faisait, vos émotions et vos sensations physiques.

M

À quels mots cela vous fait-il penser ?
Mariage ? Maman ? Maquillage (la fois où vous êtes monté(e) sur scène pour un spectacle) ? Mardi Gras ? Magie ?

Choisissez un merveilleux souvenir lié au mot choisi et décrivez la scène précisément : les sons, les odeurs, le temps qu'il faisait, vos émotions et vos sensations physiques.

N

À quels mots cela vous fait-il penser ? Nom (le jour où vous avez baptisé votre enfant) ? Nature (votre plus beau souvenir de grands espaces) ? Nage (votre professeur de natation qui était génial) ?

Choisissez un merveilleux souvenir lié au mot choisi et décrivez la scène précisément : les sons, les odeurs, le temps qu'il faisait, vos émotions et vos sensations physiques.

O

À quels mots cela vous fait-il penser ? Ondes (le plus beau souvenir de rencontre sur la même longueur d'onde) ? Ordinateur (un mail qui vous a appris une heureuse nouvelle) ? Omelette (celle que vous avez mangée assis par terre avec votre chéri(e) le premier soir où vous avez emménagés ?

Choisissez un merveilleux souvenir lié au mot choisi et décrivez la scène précisément : les sons, les odeurs, le temps qu'il faisait, vos émotions et vos sensations physiques.

P

À quels mots cela vous fait-il penser ? Papa (le plus beau souvenir avec votre paternel) ? Pipi (la fois où vous avez fait pipi de rire) ? Pizza (celle que vous avez dégustée quand la France a gagné la coupe du monde ?

Choisissez un merveilleux souvenir lié au mot choisi et décrivez la scène précisément : les sons, les odeurs, le temps qu'il faisait, vos émotions et vos sensations physiques.

Q

À quels mots cela vous fait-il penser ? Quiche (celle de votre maman était inoubliable) ? Quetsches (celle du jardin de vos grands-parents) ? Quantité (le jour où, enfant, vous avez reçu votre poids en chocolat) ?

Choisissez un merveilleux souvenir lié au mot choisi et décrivez la scène précisément : les sons, les odeurs, le temps qu'il faisait, vos émotions et vos sensations physiques.

R

À quels mots cela vous fait-il penser ?
Restaurant (le plus inoubliable) ? Rire (vos plus beaux fous rires) ? Rythme (votre plus belle soirée dansante) ?

Choisissez un merveilleux souvenir lié au mot choisi et décrivez la scène précisément : les sons, les odeurs, le temps qu'il faisait, vos émotions et vos sensations physiques.

S **À quels mots cela vous fait-il penser ?** *Sexe (votre plus beau souvenir) ? Sensorialité (une expérience sensorielle originale et inoubliable) ? Sœur (votre plus beau souvenir avec elle) ? Sushis (ceux que vous dégustez lors de vos soirées en amoureux) ?*

Choisissez un merveilleux souvenir lié au mot choisi et décrivez la scène précisément : les sons, les odeurs, le temps qu'il faisait, vos émotions et vos sensations physiques.

T **À quels mots cela vous fait-il penser ?** *Tutu (enfant, vos fabuleux cours de danse classique) ? Traversée (la fois où vous avez passé un week-end dans le désert) ? Tandem (votre plus beau souvenir d'équipe avec un acolyte) ?*

Choisissez un merveilleux souvenir lié au mot choisi et décrivez la scène précisément : les sons, les odeurs, le temps qu'il faisait, vos émotions et vos sensations physiques.

U **À quels mots cela vous fait-il penser ?** *Unisson (une chorale gospel à laquelle vous avez participé) ? USA (la fois où vous êtes parti(e) aux États-Unis) ? Unique (la fois où votre chéri(e) vous déclaré que vous étiez unique) ?*

Choisissez un merveilleux souvenir lié au mot choisi et décrivez la scène précisément : les sons, les odeurs, le temps qu'il faisait, vos émotions et vos sensations physiques.

V

À quels mots cela vous fait-il penser ?
Vivant (la fois où vous vous êtes senti(e) le ou la plus vivant(e) ? Volontariat (la fois où vous avez aidé des SDF et où vous vous êtes senti(e) fier/fière) ? Violon (le fameux concert qui vous a tant ému(e)) ?

Choisissez un merveilleux souvenir lié au mot choisi et décrivez la scène précisément : les sons, les odeurs, le temps qu'il faisait, vos émotions et vos sensations physiques.

W

À quels mots cela vous fait-il penser ? Wagon (le train-couchette qui vous emmenait dans le Sud en vacances dans votre enfance) ? Wasabi (votre meilleur souvenir de soirée sushis) ? Walter ou Wanda (votre amour de jeunesse) ? Waouh ! (votre souvenir le plus étonnant) ?

Choisissez un merveilleux souvenir lié au mot choisi et décrivez la scène précisément : les sons, les odeurs, le temps qu'il faisait, vos émotions et vos sensations physiques.

X

À quels mots cela vous fait-il penser ? Xérès (le vinaigre : votre plus beau souvenir partagé de moment en cuisine) ? X (votre meilleur souvenir érotique) ? Xylophone (votre meilleur "bœuf" musical) ?

Choisissez un merveilleux souvenir lié au mot choisi et décrivez la scène précisément : les sons, les odeurs, le temps qu'il faisait, vos émotions et vos sensations physiques.

Y

À quels mots cela vous fait-il penser ?
Yoyo (votre plus beau souvenir de cour de récré) ? Yin-Yang (votre souvenir le plus zen) ? Yourte (le week-end passé avec "yourte & breakfast")

Choisissez un merveilleux souvenir lié au mot choisi et décrivez la scène précisément : les sons, les odeurs, le temps qu'il faisait, vos émotions et vos sensations physiques.

Z

À quels mots cela vous fait-il penser ? Zoo (votre plus chouette souvenir au zoo) ? Zénitude (votre souvenir le plus apaisant) ? Zombie (vos plus beaux lendemains de fête, fatigué(e) mais heureux(se)) ?

Choisissez un merveilleux souvenir lié au mot choisi et décrivez la scène précisément : les sons, les odeurs, le temps qu'il faisait, vos émotions et vos sensations physiques.

idée clef N°3

DEVENIR UN SUPER COMMUNICANT

Soyez empathique

L'empathie, c'est cette faculté intuitive de se mettre à la place d'autrui, de percevoir ce qu'il ressent - dixit le Petit Larousse. Mais attention, qui dit empathie ne dit pas "contagion émotionnelle" !

La "bonne empathie" implique de savoir rester à une bonne distance émotionnelle : comprendre l'autre sans pour autant se laisser submerger par ses émotions ! Dans la pratique, l'empathie, c'est savoir se mettre dans la peau de l'autre pour mieux comprendre son point de vue.

Avez-vous déjà essayé de vous mettre dans la peau de votre voisin ?

L'empathie au féminin

***Vous** qui lisez ces lignes, si vous êtes une femme, vous avez déjà naturellement de bonnes prédispositions à l'empathie. Cependant, n'hésitez pas à essayer ce jeu de rôles qui consiste à vous mettre dans la peau des personnages féminins que vous côtoyez au quotidien. Un éclairage utile pour adapter votre communication et la rendre encore plus performante selon votre interlocutrice…*

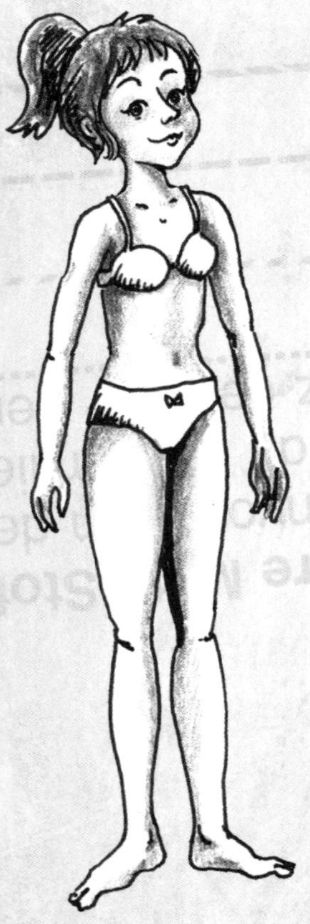

La directrice
La stagiaire
L'agent d'entretien

L'empathie au masculin

Vous qui lisez ces lignes, si vous êtes un homme, vous hésitez parfois à montrer de l'empathie, de peur qu'elle ne passe pour de la faiblesse. Comme si la virilité devait s'imposer par la force et l'intransigeance ! Dites-vous que l'empathie est, au contraire, le plus grand signe d'intelligence. Essayez de vous mettre dans la peau de tous ces personnages pour mieux les comprendre et envisager les points de vue sous des angles qui ne vous sont pas familiers. Vous gagnerez en adaptabilité et en performance dans toutes vos relations ! (Un discours "résultats" qui devrait vous plaire !)

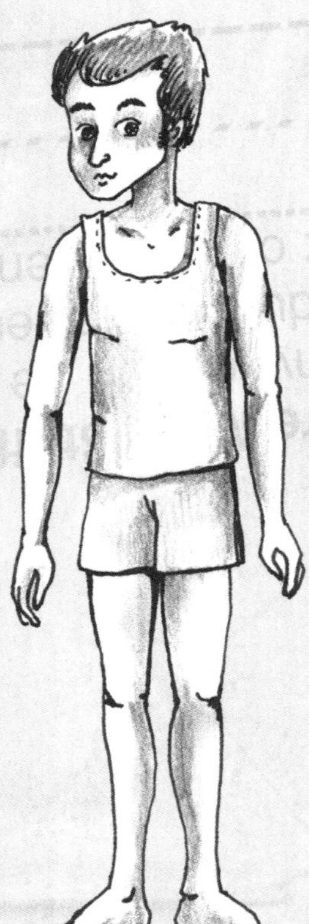

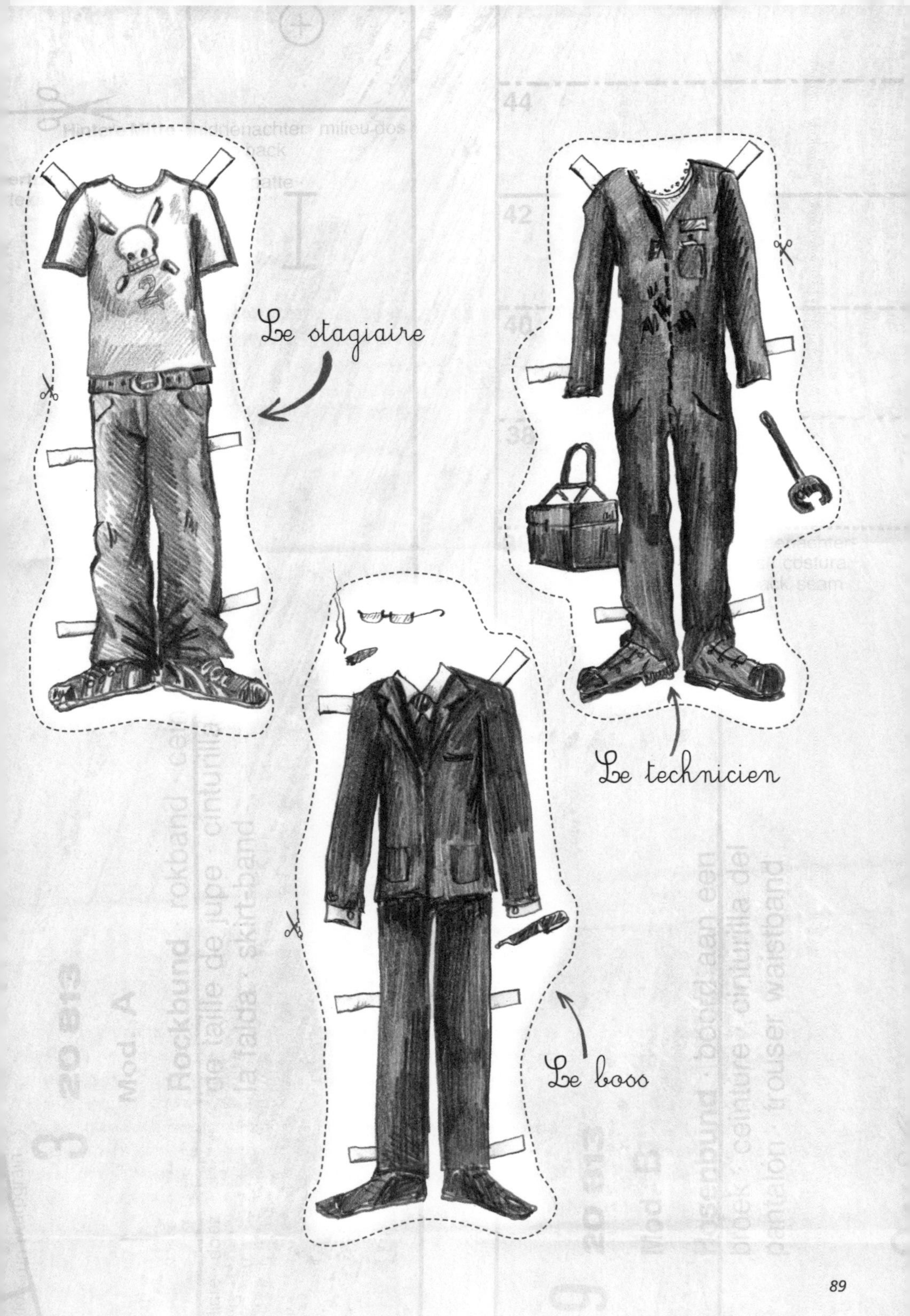
Le stagiaire
Le technicien
Le boss

Pratiquez l'écoute active

Quand quelqu'un vous parle, avez-vous conscience de l'importance de la façon dont vous l'écoutez ? Car même le silence peut être très parlant… Découvrez vite les trois modes d'écoute :

L'ÉCOUTE ABSENTE

Votre regard est ailleurs, vos yeux sont dans le vague, votre attitude corporelle traduit ou l'ennui, ou une vague impatience. Épaules courbées, tête dans la main… Tout ce qu'on vous dit rentre par une oreille et ressort par l'autre !

L'ÉCOUTE DÉSAPPROBATRICE

Vos bras sont croisés, vos sourcils légèrement froncés.
Vos mains montrent des signes d'impatience ou de crispation.
C'est ce qui s'appelle être sur la défensive ! Vous n'êtes pas prêt(e) à écouter les arguments de l'autre.

L'ÉCOUTE ACTIVE

Les yeux sont attentifs et brillants. La posture ouverte des épaules et des bras montre votre réceptivité. Les expressions de votre visage s'adaptent au discours de votre interlocuteur, en "effet miroir" de ses émotions. L'autre se sent compris, en confiance.

DÉCRYPTEZ LE MESSAGE DU DOCTEUR COOLZEN.
AIDEZ-VOUS DU TABLEAU DE CODES.

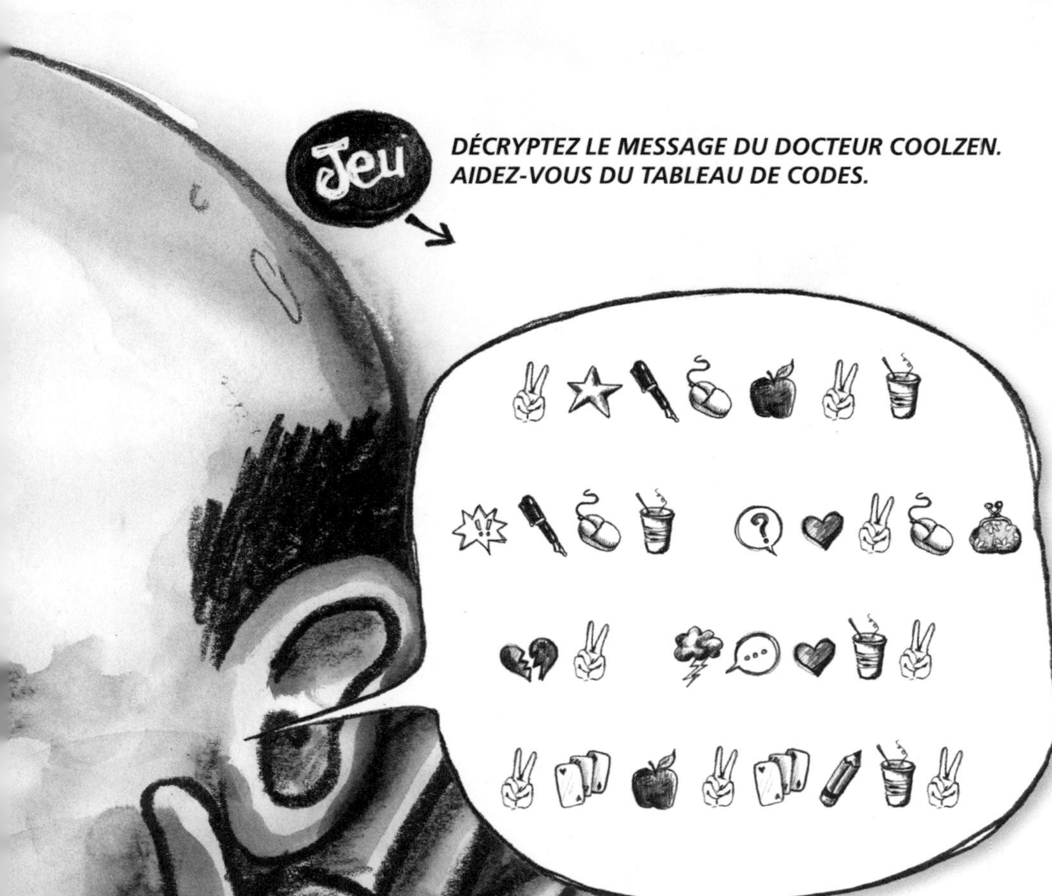

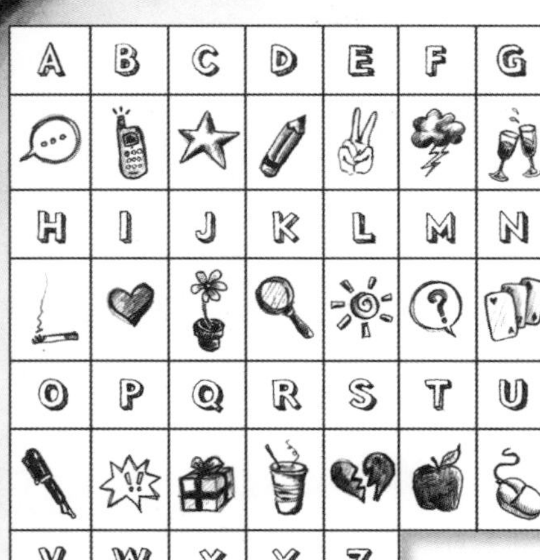

Décodez le non-verbal

Le non-verbal, c'est l'ensemble des signes qui ne s'expriment pas par la parole mais par le corps : expressions du visage, gestes, postures...

En apprenant à "lire ce paralangage", vous décoderez beaucoup plus facilement les émotions et les pensées de votre interlocuteur.

Apprenez en plus sur la PNL, programmation neuro-linguistique sur : www.ifpnl.fr

Jeu ***ENTOUREZ LES CINQ SIGNES NON-VERBAUX QUI DÉMENTENT CE QUE CE COLLABORATEUR DIT.***

***Solution du jeu** : entourer la main crispée sur le front, les sourcils inquiets, la main qui tapote nerveusement, la bulle qui traduit une intonation de voix hésitante, les épaules et la posture voûtées, qui dénotent un manque d'assurance.*

Synchronisez-vous !

La synchronisation, c'est l'art de se mettre à l'unisson avec son interlocuteur. Être sur la même longueur d'ondes, cela peut se faire "naturellement", mais aussi en adoptant la même posture physique que votre interlocuteur. Imperceptiblement, il se sentira "en confiance".

Il ne s'agit pas de "singer" ses gestes mais de faire un effet miroir pour se mettre en empathie avec l'autre.

Attention à respecter la sphère d'intimité de l'autre : par exemple, ne pas lui parler trop près du visage, ce qui peut mettre mal à l'aise !

QUEL DOCTEUR COOLZEN PARLE À QUEL PETIT MONSTRE ? RETROUVEZ LES PAIRES QUI SONT EN BONNE SYNCHRONISATION EN OBSERVANT LEUR POSTURE PHYSIQUE.

A

1

2

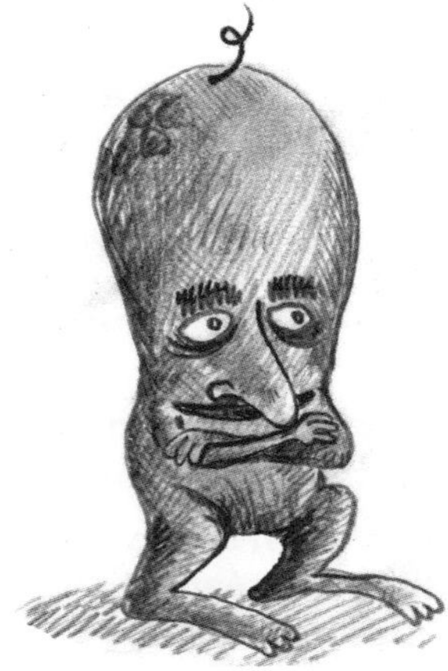

B

3

C

D

4

Solutions : A-4 / B-3 / C-1 / D-2

Testez votre assertivité

Le docteur Coolzen vous a concocté quelques exercices de mise en situation.

Pour chacun de ces cas, décrivez en quelques lignes comment vous réagiriez. Comparez ensuite avec la solution proposée par le doc'.

CAS 1 :

Vous avez eu vent qu'un de vos collaborateurs critique vos méthodes de travail et votre approche managériale. Décrivez votre manière de réagir :

____

____

____

____

____

____

Solution du docteur Coolzen :

❶ - *Vous trouvez une occasion de lui parler en tête à tête.*

❷ - *Vous décrivez factuellement ce qu'on vous a rapporté et demandez si c'est vrai. (Après tout, ce sont peut-être des ragots colportés !)*

❸ - *Si la personne acquiesce, vous donnez votre ressenti en parlant en votre nom ("je").*

❹ - *Vous exprimez ce qui serait bien pour vous à l'avenir : si la personne a quelque chose à dire, qu'elle vienne vous voir directement. Vous êtes ouvert(e) à entendre des critiques si elles sont fondées et prêt(e) à échanger sur des solutions d'amélioration constructives.*

❺ - *Vous obtenez l'accord de l'autre pour ce "contrat gagnant-gagnant".*

CAS 2 :

Vous avez demandé à votre femme de ménage d'insister spécialement dans votre salle de bain mais après son départ, vous constatez que les problèmes de salissures et de calcaire demeurent. Que lui dites-vous la fois suivante ?

Solution du docteur Coolzen :

❶- *Vous ne la disputez pas : elle risquerait de se braquer et ça n'arrangerait pas votre problème de salle de bain !*

❷- *Vous rappelez factuellement la consigne que vous aviez donnée et qui n'a pas été suivie.*

❸- *Vous exprimez très brièvement votre ressenti. Vous étiez "embêté(e)" parce que c'est vraiment important pour vous que la salle de bain soit impeccable.*

❹- *Vous proposez une solution pour l'avenir, tout en valorisant son travail pour l'encourager (elle n'en suivra que mieux vos consignes) : "Je sais qu'il y a beaucoup à faire en seulement deux heures et vous faites du bon travail. Je vous propose à l'avenir, quand je vous donne une tâche particulière, de la faire en priorité, quitte à passer moins de temps dans le reste de la maison. Vous en êtes d'accord ? Merci."*

CAS 3 :

Le frère de votre conjoint(e) traverse une passe difficile et, pour le dépanner, vous acceptez de l'héberger le temps qu'il trouve une autre solution. Il est visiblement de bonne volonté pour s'en sortir, mais ça prend du temps ! Au bout d'un mois, son omniprésence finit par vous peser et vous aimeriez bien un peu d'intimité. Comment le lui faites-vous comprendre ?

Solution du docteur Coolzen :

❶ - Vous commencez par une petite phrase positive et réconfortante : "Nous sommes ravis de t'accueillir et je suis sûr(e) que tu vas bientôt rebondir, tu fais tout ce qu'il faut pour..."

❷ - Vous expliquez votre besoin de vous retrouver un peu en tête à tête avec votre cher/chère et tendre.

❸ - Vous proposez un compromis favorable à tout le monde : "Tu pourrais, par exemple, sortir, aller passer la soirée chez un ami pour que je puisse préparer un dîner-surprise à JC ! Ce qui n'empêche qu'on se retrouve tous ensemble demain soir."

❹ - Demandez à la personne si cela lui convient.

CAS 4 :

Votre patron caractériel entre en furie dans le bureau collectif et passe sa colère sur vous pour une commande qui n'a pas abouti avec un client. Tous les autres collaborateurs regardent la scène, ahuris. Que faites-vous ?

Solution du docteur Coolzen :

❶- Vous adoptez une posture physique de fermeté et d'assertivité : vous vous tenez bien droit(e), solide sur vos jambes, bien ancré(e) dans le sol.

❷- Si le patron vous insulte ou dépasse les bornes, vous l'arrêtez net : "Je ne vous permets pas de me manquer de respect. Si vous avez quelque chose à me dire, je suis ok pour que nous ayons une discussion plus tard, au calme, dans votre bureau." Si besoin, quittez la pièce la tête haute, en disant que vous reviendrez quand un dialogue sera possible.

❸- Cassez immédiatement le schéma agressif en proposant d'aller dans une autre pièce : S'il n'y a plus de spectateurs, le "grand numéro" s'arrête plus facilement.

❹- Trouvez mentalement trois qualités à votre agresseur. Essayez de vous mettre à sa place pour comprendre ce qu'il ressent. Montrez de l'empathie, imaginez que derrière sa colère, il y a beaucoup d'inquiétude. Pratiquez l'écoute active. Aidez-le à formuler son ressenti : "J'entends que vous êtes inquiet pour le chiffre du troisième trimestre."

❺- Demandez à votre patron des faits précis sur ce qu'il vous reproche. Si les critiques sont fondées, sans vous justifier, vous pouvez parler de ce qui vous a posé problème pour mener à bien votre mission : Certains dysfonctionnements dans l'organisation, un manque d'effectifs, de moyens, des délais trop courts…

❻- Échangez sur des solutions d'amélioration.

❼- Formuler un contrat clair gagnant-gagnant avec votre patron : Lui s'engage à ne plus vous critiquer ouvertement devant tout le monde, vous, vous vous engagez à venir lui parler de vos difficultés au fur et à mesure.

Donnez des signes

Nous avons tous besoin de reconnaissance, de nous sentir exister aux yeux des autres. D'où cette attente de signes, verbaux ou non verbaux, qui vont nous gratifier et nous permettre de maintenir une bonne estime de nous-mêmes.
Nous préférons même des attentions négatives que pas d'attention du tout. "Tout signe de reconnaissance vaut mieux que pas de signe de reconnaissance du tout", disait Ian Stewart et Vann Joines, dans le "manuel d'analyse transactionnelle" - chapitre 8, InterÉditions. Sans ces "strokes", gare à la démotivation, la rumination ou la déprime.
Alors, donnez-en vite sans compter ! Vos relations n'en seront que plus florissantes.

de reconnaissance

Jeu

RETROUVEZ DANS LA GRILLE CI-DESSOUS LES SIGNES DE RECONNAISSANCE PRONONCÉS PAR LE DOCTEUR COOLZEN. LES MOTS PEUVENT ÊTRE À L'ENDROIT OU À L'ENVERS, HORIZONTALEMENT OU VERTICALEMENT. UNE MÊME LETTRE PEUT APPARTENIR À PLUSIEURS MOTS.

E	N	C	O	U	R	A	G	E	R
Z	E	U	N	I	T	N	O	C	O
T	U	L	A	S	N	E	I	B	U
B	O	N	J	O	U	R	Z	R	I
E	E	C	O	U	T	E	O	A	Q
S	U	P	E	R	Y	S	A	V	L
T	N	E	M	I	L	P	M	O	C
I	Q	M	E	R	C	I	L	O	J
M	A	B	I	E	N	J	O	U	E
E	E	C	N	A	I	F	N	O	C

Apprenez-en plus sur l'analyse transactionnelle sur www.ifat.net

La perle des managers

Jeu

CES PERLES PRÉCIEUSES FORMENT DIX MOTS DE HUIT LETTRES. LA PREMIÈRE LETTRE DE CHAQUE MOT EST EN NOIR ET PORTE UN NUMÉRO QUI RENVOIE À UN INDICE. LES MOTS SONT ÉCRITS DANS LE SENS DES AIGUILLES D'UNE MONTRE. AMUSEZ-VOUS À RETROUVER LES ACTIONS ET QUALITÉS DE CE CHEF D'ÉQUIPE IDÉAL…

INDICES :

1. *Il voit le bon côté des choses.*
2. *Il transmet courage et énergie.*
3. *Il facilite les échanges.*
4. *Il montre de la considération.*
5. *Il met en avant les qualités.*
6. *Il permet d'obtenir les meilleurs résultats possible.*
7. *Il assure et rassure.*
8. *Il emmène avec lui, il conduit le mouvement.*
9. *Il montre de l'implication. (s')*
10. *Il rend meilleur les process.*

***Solution** : voilà ce que fait la crème des managers :*

1. *il positive (les situations).*
2. *il insuffle (de l'énergie, de l'enthousiasme).*
3. *il favorise (les échanges).*
4. *il respecte (les avis, les opinions, les personnalités).*
5. *il valorise (les individualités, les talents, l'équipe).*
6. *il optimise (les process, l'organisation).*
7. *il sécurise (les gens dans un contexte de crise).*
8. *il entraîne (ses troupes).*
9. *il s'investit (dans sa mission).*
10. *il améliore (l'existant).*

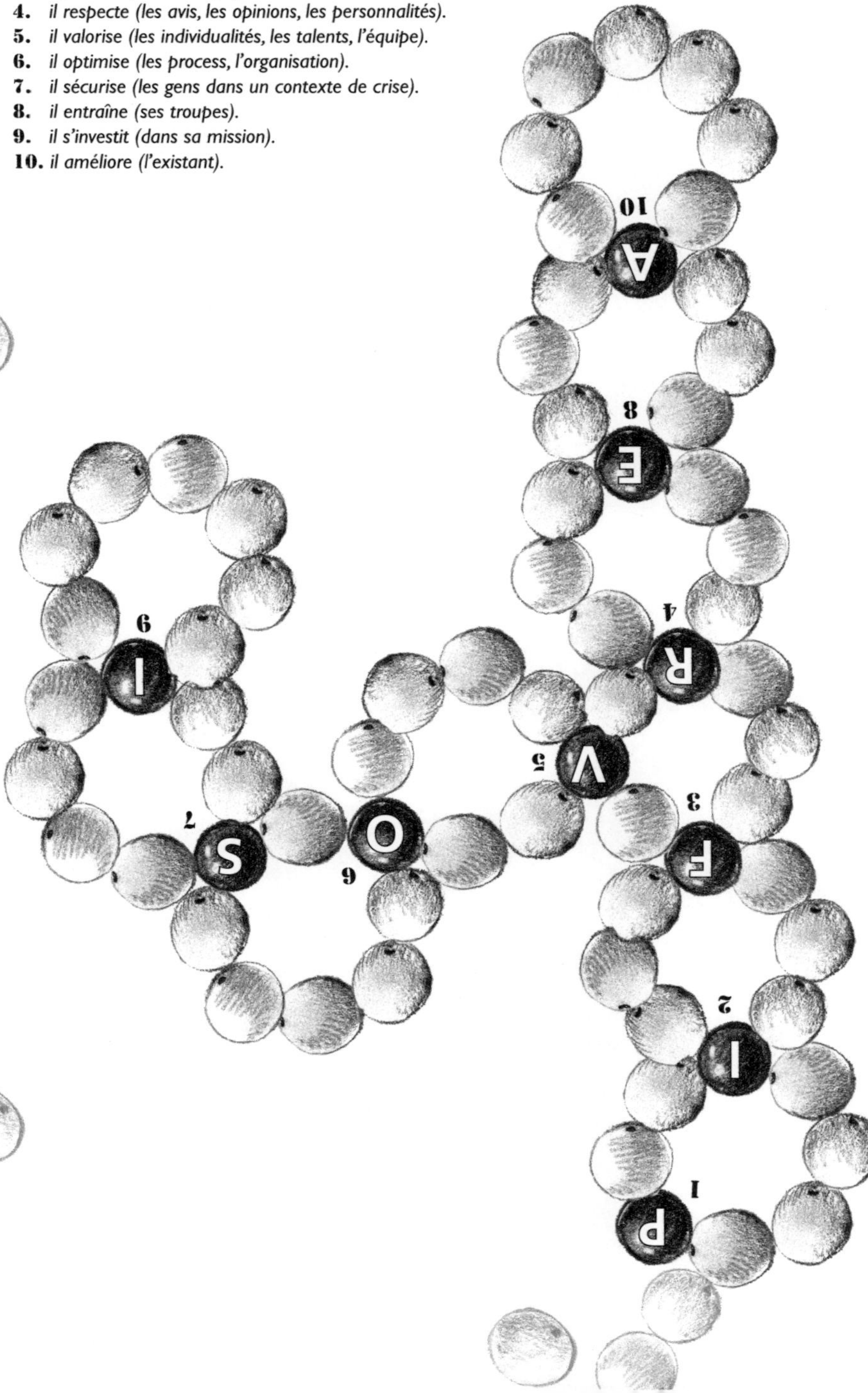

idée clef N°4

DÉJOUER LES CRISES

Prenez de la hauteur

Difficile de voir clair quand "on a le nez dessus". Dans un contexte difficile, il est souvent très favorable de savoir lâcher prise.
Prendre de la hauteur permet de relativiser, de retrouver une pensée claire et donc d'être capable de formuler des solutions pour sortir de la crise.

L'EFFET HÉLICOPTÈRE, C'EST :

- *Respirer profondément et faire un "stop mental" pour s'empêcher de céder à l'agressivité.*
- *Faire un break et revenir plus tard sur le problème.*
- *Utiliser l'humour plutôt que l'ironie.*
- *Mettre ses problèmes en perspective.*
- *"Ne pas prendre". Refuser l'agressivité de l'autre et s'en aller. Ce n'est pas une fuite mais une mise en sécurité et un respect de soi.*

RELIEZ LES POINTS ET AIDEZ CE PAUVRE EDMÉ LEMPORTÉ À PRENDRE DE LA HAUTEUR !

16
21
22
17
20
27
23
26
14
18
19
24
13
25
12
30
7
31
6
1
32
29
28
36
8
5
33
2
35
34
4
3

Décollez vos timbres !

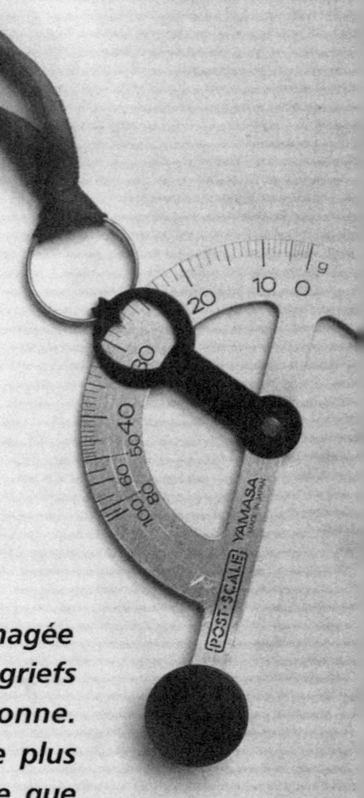

Les "timbres", c'est l'expression imagée pour désigner ces mille et un petits griefs qu'on peut accumuler contre une personne. Peur du conflit, peur de déplaire, de ne plus être aimé(e)… Vous gardez pour vous ce que vous auriez à dire, vous "encaissez", une fois, deux fois, dix fois, et, sans le savoir, vous vous constituez une belle collection de timbres ! Un jour ou l'autre, pour une broutille-étincelle, se produit alors l'effet "cocotte-minute"…

Vous explosez à grand bruit, avec pertes et fracas. Désastreux pour la relation ! Pour éviter d'en arriver là à cause de déplorables non-dits, communiquez au fur et à mesure vos ressentis, sans agressivité mais avec fermeté. *(Voir F.R.A.P., p. 110).*

3,00
TIMBRE À DÉCOLLER
ne me dit jamais bonjour
3,00
TIMBRE À DÉCOLLER
3,00
TIMBRE À DÉCOLLER
3,00
TIMBRE À DÉCOLLER
m'a encore fait une remarque !
3,00
TIMBRE À DÉCOLLER
3,00
TIMBRE À DÉCOLLER
C'est toujours moi qui paye le café...
3,00
TIMBRE À DÉCOLLER
3,00
TIMBRE À DÉCOLLER
3,00
TIMBRE À DÉCOLLER
3,00
TIMBRE À DÉCOLLER
3,00
TIMBRE À DÉCOLLER
3,00
TIMBRE À DÉCOLLER
3,00
TIMBRE À DÉCOLLER
3,00
TIMBRE À DÉCOLLER
3,00
TIMBRE À DÉCOLLER
Ma belle-mère me fait toujours des reproches
3,00
TIMBRE À DÉCOLLER
3,00
TIMBRE À DÉCOLLER
3,00
TIMBRE À DÉCOLLER
ne m'a pas rendu mon beau stylo
3,00
TIMBRE À DÉCOLLER
3,00
TIMBRE À DÉCOLLER

Dites le sans agressivité

Critiquer, du grec kritikos "apte à juger, à discerner", c'est l'art de faire passer ses messages sans blesser l'autre ni le braquer. Une critique mal faite peut envenimer les relations. Une critique bien faite peut au contraire l'enrichir et permettre à chacun de progresser et d'améliorer la situation. Le docteur Coolzen vous livre donc son secret pour dire ce que vous avez à dire sans sortir les griffes...

LE F.R.A.P.

LA MÉTHODE QUI FAIT FORT POUR LE DIRE EN DOUCEUR

☛ Faits

DÉCRIVEZ LA SITUATION OU LES FAITS QUI NE VOUS CONVIENNENT PAS, EN ÉTANT LE PLUS FACTUEL ET CONCIS POSSIBLE.

☛ Ressentis

EXPRIMEZ VOTRE RESSENTI ET VOS ÉMOTIONS PAR RAPPORT À LA SITUATION, EN UTILISANT LE "JE" ET NON PAS LE "TU", TROP AGRESSIF.

☛ Action

PROPOSEZ DES MESURES CONCRÈTES, UN PLAN D'ACTION, DES POINTS D'AMÉLIORATION.

☛ Positif

MONTREZ LE BÉNÉFICE POUR LES DEUX PARTIES. FAITES UN CONTRAT GAGNANT-GAGNANT. CHACUN DOIT POUVOIR TROUVER SON COMPTE GRÂCE AUX NOUVELLES DISPOSITIONS.

Jeu

LEQUEL DE CES PERSONNAGES UTILISE LA TECHNIQUE DU F.R.A.P. ?

Edmé Lemporté — ***Coups de colère intempestifs***

docteur Coolzen — ***Recadrages constructifs***

Gaston Perfection — ***Critiques acerbes systématiques***

Réactions du collaborateur à la confrontation

Recevez une critique sereinement

1- MAÎTRISEZ VOS ÉMOTIONS NÉGATIVES

Colère, tristesse, sont mauvaises conseillères et risquent de vous faire perdre votre self-control.
Pour éviter ça, pensez à RESPIRER et pendant qu'on vous livre l'objet de la critique, visualisez mentalement une scène vraiment agréable. (Si besoin, piochez dans votre répertoire des "moments bonheur", p. 72). Effet déstressant garanti !

Jeu

ENTRAÎNEZ-VOUS À LA VISUALISATION POSITIVE :

COLORIER : 1 = vert / 2 = rouge / 3 = bleu / 4 = jaune / 5 = marron / 6 = rose

2- ACCUEILLEZ LES CRITIQUES OBJECTIVES

Reconnaissez vos erreurs sans vous dévaloriser pour autant. Demandez des solutions d'amélioration et des plans d'action concrets.

3- FAITES FACE AUX CRITIQUES SUBJECTIVES :

Pour savoir comment agir, DÉCODEZ LE MESSAGE DU DOCTEUR COOLZEN.

Jeu

A- *Il vaut mieux la tourner sept fois avant de dire quelque chose.*

3	2	4	8	0	1

B- *Mot masculin synonyme d'abus. Il concerne généralement la vitesse, l'alcool ou le poids.*

1	5	6	1	7

C- *Mot masculin qui désigne la diplomatie, le tact dans les relations et qui, d'une manière imagée, fait référence à une partie de la main.*

10	11	9	8	12	1

D- *Autrefois, mot féminin qui désignait la manière de prier Dieu avec adoration. Aujourd'hui, mot synonyme de passion, d'enthousiasme, d'ardeur.*

13	1	14	15	1	0	14

E- *Petit nom désignant un travail souvent pour étudiant.*

16	11	17

F- *Verbe qui signifie "voir les choses du bon côté".*

18	11	7	9	12	9	15	1	14

CONSEIL FACE AUX CRITIQUES SUBJECTIVES :

1	5	9	8	1

10	1	7

13	2	9	12	7

6	11	4	6	14	1	12	7

1	12

10	1	7

1	5	18	3	9	6	2	12	9	11	4	7

11	17	16	1	6	12	9	15	1	7

Solution du jeu : *A- langue, B- excès, C- doigté, D- ferveur, E- job, F- positiver.*
"exige des faits concrets et des explications objectives."

Faites passer une critique

Pas facile de faire passer une critique sans vexer la personne, la braquer ou la mettre en colère. Quelle méthode suivre ? Pour le savoir, essayez de résoudre le cas suivant. La solution est en bas de page !

Jeu

VOUS ÊTES LE (LA) BOSS DE GONTRAN, VOTRE CHEF DE PROJET JUNIOR. VOUS AVEZ UN SOUCI AVEC LUI ET ALLEZ DEVOIR LE LUI FAIRE SAVOIR : IL NE RELIT JAMAIS LES PRÉSENTATIONS CLIENTS ET VOUS ÊTES DU COUP OBLIGÉ(E) DE REPASSER DERRIÈRE LUI POUR CORRIGER LES FAUTES D'ORTHOGRAPHE.

LE BUT DU JEU :

DANS LA LISTE DES CONSEILS CI-APRÈS, À VOUS DE JUGER CEUX QUI SONT BONS À SUIVRE ET CEUX QUI SONT MAUVAIS. REPORTEZ ENSUITE LE NUMÉRO DU CONSEIL SOIT DANS LA LIGNE DES "BALLES DE RÉVOLVER" S'IL EST MAUVAIS SOIT DANS LA LIGNE DES "FLEURS", S'IL VOUS SEMBLE BON. QUEL SERA LE QUINTÉ GAGNANT ?

Quinté gagnant
3- Ne jamais critiquer quelqu'un en public.
5- Être précis et factuel sur les faits reprochés.
6- Évoquer les conséquences objectives des actes de la personne.
8- Se montrer encourageant pour motiver les bonnes volontés.
9- Échanger sur des solutions et un plan d'action.

Quinté perdant
1- Critiquer quelqu'un devant les autres.
2- S'excuser ou se justifier.
4- Proférer des menaces.
7- Faire des comparaisons blessantes, juger.
10- Casser sans proposer de solutions.

CONSEILS À NE PAS SUIVRE

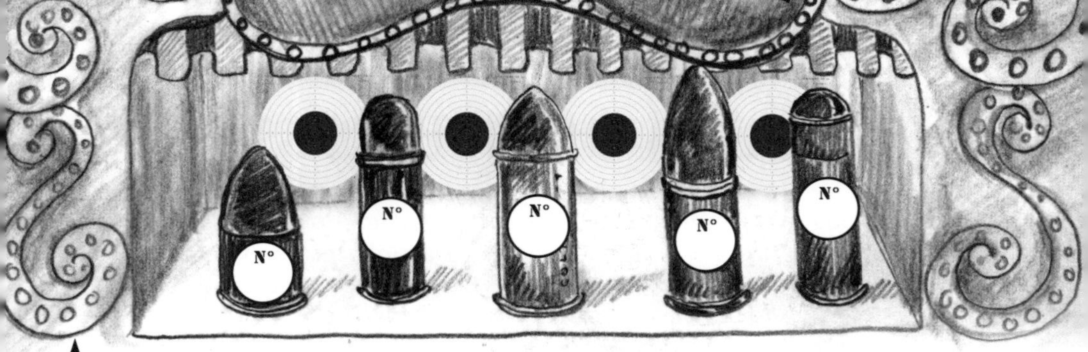

1 *Vous foncez dans l'open space et dites à Gontran ce que vous avez à lui dire.*

Vous vous excusez de devoir lui dire qu'il a quelques petits soucis d'orthographe et êtes désolé(e) de devoir lui demander de bien vouloir faire un effort pour se relire. 2

3 *Vous prenez Gontran à part dans votre bureau pour lui parler face à face.*

Vous le sommez de faire des efforts sans quoi vous serez obligé(e) de le remercier. 4

5 *Vous lui donnez des faits précis et trois exemples de dossiers qui ont posé problème. Vous lui demandez s'il est d'accord avec votre diagnostique.*

Vous lui faites comprendre les conséquences objectives de son attitude. 6

7 *Vous lui expliquez que, vous, au même âge, vous étiez lauréat(e) des dictées de Pivot.*

Vous êtes sûr(e) qu'il est capable de beaucoup progresser : vous le savez très pro et capable de se concentrer. 8

9 *Vous lui suggérez l'idée de suivre une formation et demandez ce qu'il en pense.*

Vous lui ordonnez que cela ne se reproduise plus : qu'il se débrouille ! 10

CONSEILS À SUIVRE

Résistez aux fortes pressions

Vous vous demandez comment opposer un refus sans vous attirer les foudres de votre interlocuteur ? Essayez la technique du disque rayé ! Elle permet de dire non sans se fâcher avec la personne qui insiste lourdement pour obtenir quelque chose que vous ne voulez pas ou ne pouvez pas faire.

MODE D'EMPLOI :

❶ *Montrez tout d'abord de l'empathie : vous comprenez toute l'importance de la demande ou du problème.*

❷ *Exprimez ensuite votre refus sans entrer dans un jeu de justification ou de tac au tac de contre-argumentation.*

❸ *Soyez sûr(e) de vous, calme, dans "votre bon droit". Vous n'avez pas à vous sentir coupable.*

❹ *Répétez l'opération du disque rayé, étapes 1, 2, 3, jusqu'à ce que la personne abandonne.*

❺ *Ouvrez sur des solutions de rechange.*

EXEMPLE :

UN COLLÈGUE ESSAYE DE VOUS COLLER UN DOSSIER URGENT POUR LE WEEK-END MAIS VOUS PARTEZ EN WEEK-END POUR VOS 5 ANS DE MARIAGE.

☹ - *Il faut absolument que tu me prennes ce dossier, le client le veut pour lundi.*

☺ - *Oui, je comprends, ce dossier est vraiment important pour toi, mais ce week-end, ce n'est pas possible pour moi.*

☹ - *Mais enfin, je vais vraiment avoir des ennuis si tu ne me le prends pas.*

☺ - *J'entends que tu es très embêté, mais je t'arrête tout de suite, c'est impossible pour moi ce week-end.*

☹ - *Mais tu te rends compte dans quelle galère je suis ! Tu ne peux pas me faire ça !*

☺ - *Je sais, je me mets à ta place et je comprends que ce soit très difficile. Il faut que nous trouvions une autre solution. Tu as déjà demandé à Marco s'il est disponible ? Sinon, j'ai un ancien collègue qui est maintenant free-lance. Je peux te donner son téléphone si tu veux.*

😐 - *D'accord, merci...*

Jeu

ENTRAÎNEZ-VOUS À LA TECHNIQUE DU DISQUE RAYÉ AVEC LES CAS SUIVANTS :

- Votre enfant vous tanne pour acheter un jouet hors de prix au supermarché.

- Un vendeur zélé et très persuasif insiste pour vous faire acheter l'appareil "plus cher mais tellement mieux" plutôt que celui "moins cher mais dans votre budget".

- Votre meilleur(e) ami(e) veut absolument que vous l'accompagniez à une soirée Networking qui vous ennuie à mourir alors que vous rêvez d'une soirée tranquille en version "home sweet home".

- Votre patron veut que vous lui donniez les noms de vos anciens contacts clients pour les démarcher, mais c'est contre votre déontologie.

Ne subissez plus

Le pire comportement que vous puissiez adopter dans une situation pénible, c'est l'inaction ! Rester là, à subir la violence du stress, inhiber au risque d'imploser… Voilà une attitude hautement dommageable, dixit Henri Laborit dont les travaux font "l'éloge de la fuite".

Louez d'urgence le film **Mon oncle d'Amérique** ***d'Alain Resnais qui met en lumière d'extraordinaires parallèles entre les réactions humaines et animales sous stress. L'expérience sur des rats montre clairement que la fuite ou l'agressivité, dans un contexte stressant, sont préférables à la passivité, extrêmement toxique pour l'organisme. N'oubliez pas : tout ce qui ne s'exprime pas s'imprime !***

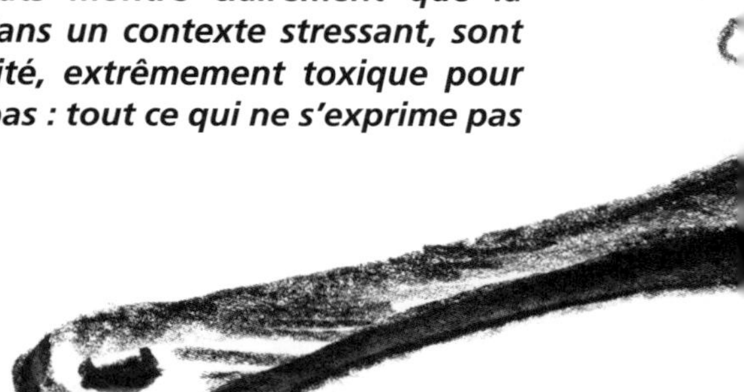

4 CONSEILS POUR NE PAS SE LAISSER CUIR À PETIT FEU :

1. *Ne laissez pas de place à l'inhibition et dites ce que vous avez à dire au fur et à mesure avec la méthode F.R.A.P., p. 110.*
2. *Refusez tout ce qui touche à votre intégrité physique, morale, personnelle. Affirmez-vous en disant : "Non ! Ça, je n'accepte pas !"*
3. *Donnez-vous le droit de fuir (sortir de la pièce ou même démissionner s'il y va de votre santé mentale !). Ce n'est en aucun cas un manque de courage mais bien plutôt le "choix du sage". Fuir, c'est aussi vous protéger.*
4. *N'hésitez pas à vous faire aider dans les cas de harcèlement moral en contactant des associations. Par exemple "Harcèlement Moral Stop". www.hmstop.com. Parlez de votre problème autour de vous. Ne restez pas seul(e) dans votre coin.*

LES RISQUES DE LA PASSIVITÉ :

FRUSTRATION

Passivité voulue. La personne ne s'autorise pas à s'exprimer et ne réalise pas, par le fait, le degré de frustration qu'elle s'impose.

REMORDS

Rumination. La personne ne peut s'empêcher de penser "j'aurais dû dire ça", "j'aurais dû faire ça"...

IRRITATION

Colère intérieure. La personne n'en peut plus de ne pas pouvoir exprimer sa frustration et, comme une "cocotte-minute", elle se sent prête à exploser...

REVANCHE

Désir de vengeance. La personne finit par exploser de manière spectaculaire ou continue à intérioriser en ruminant des plans revanchards, jusqu'à s'en rendre malade.

Évitez les complications

La meilleure façon de ne pas avoir à gérer les situations conflictuelles, c'est encore de faire en sorte qu'elles n'arrivent pas.

Voici donc une série de collections à éviter pour ne pas se créer d'ennuis dans ses relations. Débarrassez-vous vite de ces comportements "sabotage" !

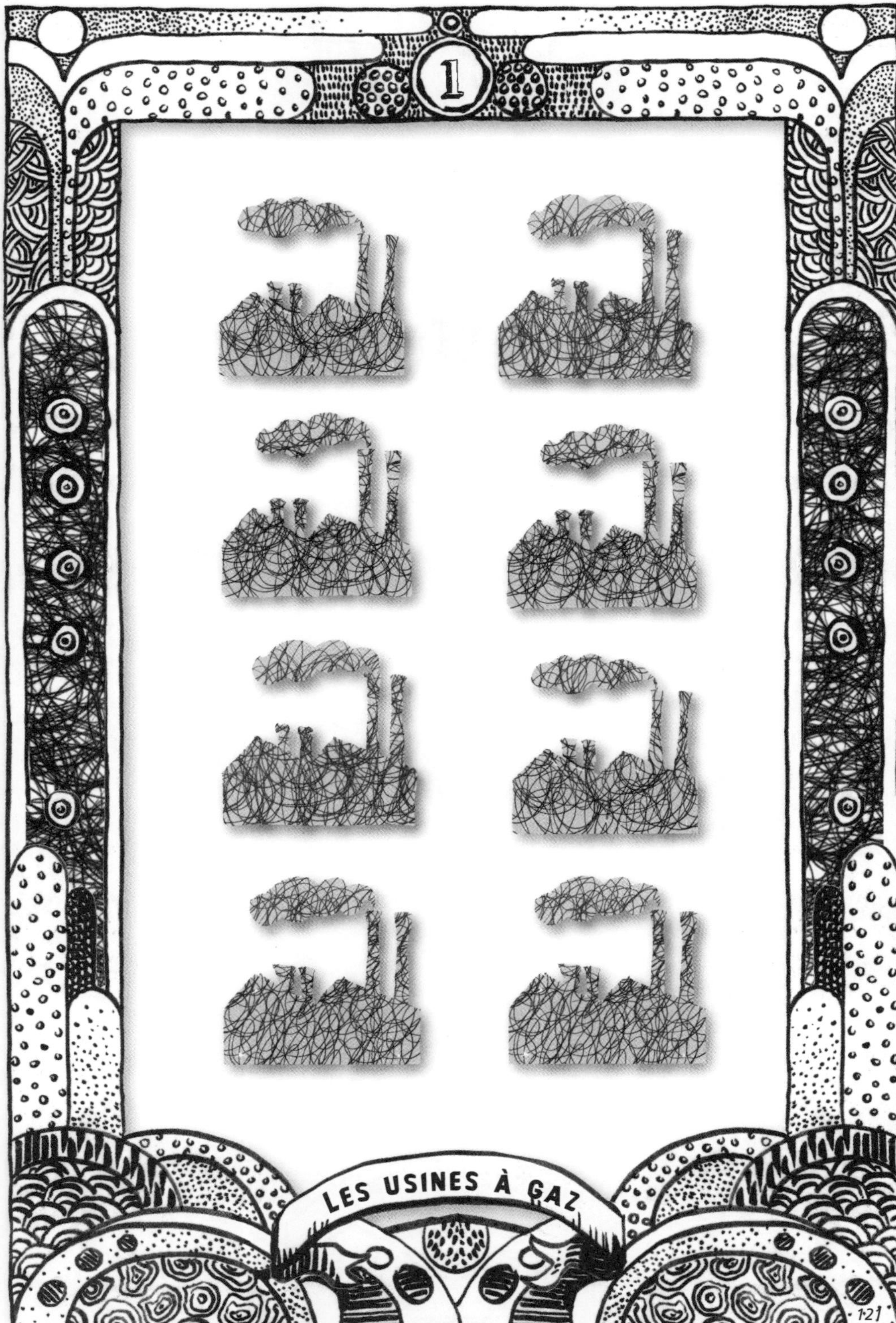
1
LES USINES À GAZ
121

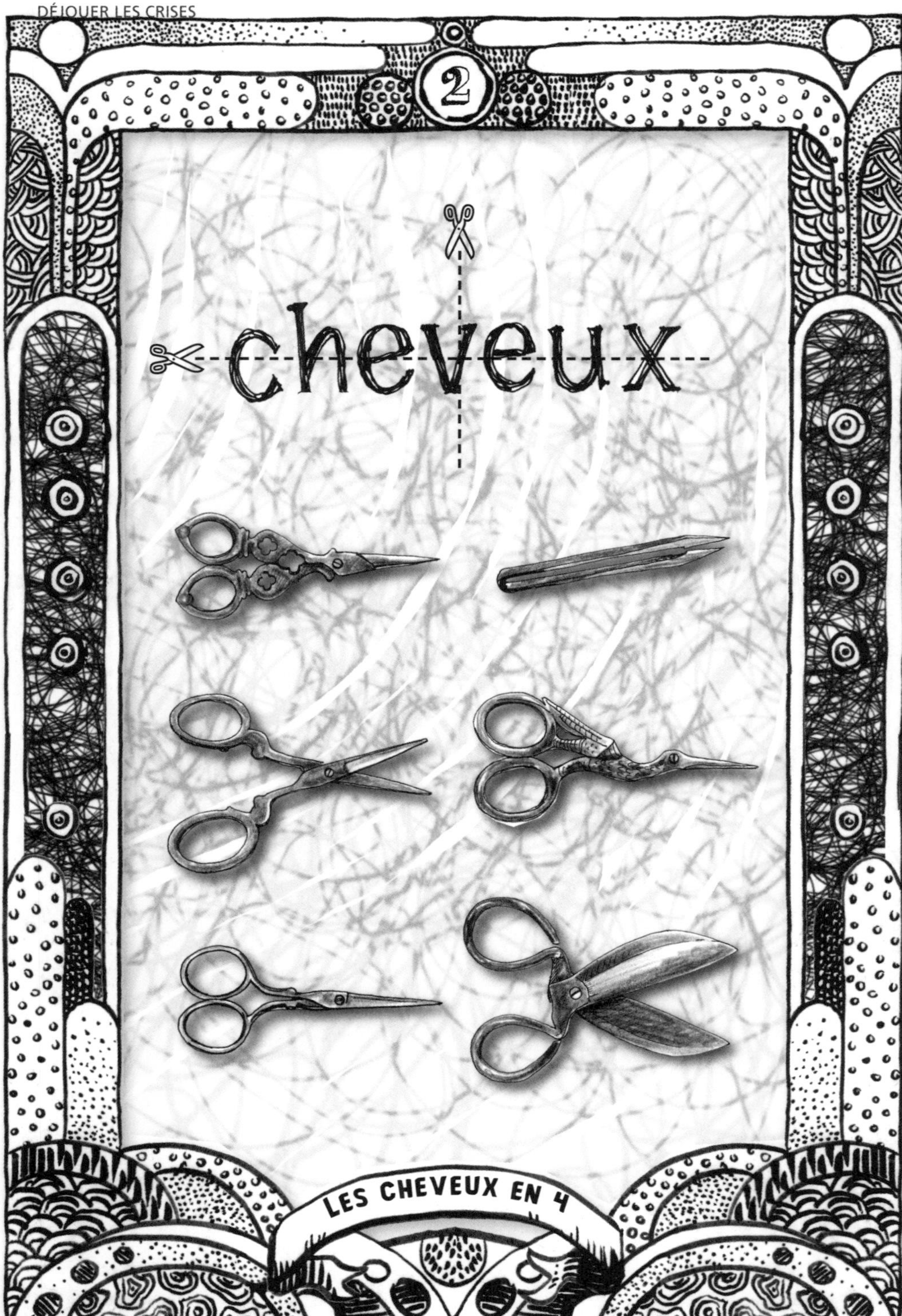
2
cheveux
LES CHEVEUX EN 4

3
LES SACS DE NŒUDS

Maintenant que vous avez toutes les clefs à vous de jouer :

Mesurez votre Quotient d'affirmation de soi

Arrivé(e) à ce stade, vous êtes prêt(e) à faire un petit check-up sur votre estime de vous-même. Voici quelques conseils pour la maintenir à un bon niveau :

- *Soyez fidèle à vous-même.*
- *Ne trahissez pas ce en quoi vous croyez.*
- *Ne vous comparez aux autres. Chacun son chemin.*
- *Les autres ne sont pas mieux que vous. Ils sont simplement "autres".*
- *Cultivez vos différences.*
- *Affranchissez-vous du regard des autres : ils sont beaucoup plus concentrés sur eux que sur vous.*
- *Relativisez ! Ce qui a beaucoup d'importance pour vous en a beaucoup moins pour le reste du monde.*
- *Pensez positif. Parlez positif. Vivez positif.*
- *Acceptez la critique (fondée) sans vous sentir "attaqué(e)" en tant que personne.*
- *N'ayez jamais peur de prendre une mauvaise décision : chaque situation sera ce que vous en ferez.*
- *Félicitez-vous, même pour vos plus petits succès.*
- *Finissez-en avec les quêtes d'approbation et de reconnaissance.*
- *Multipliez vos sources d'affection et de contentement : couple, enfants, amis, animaux, activités, loisirs, objets, lieux…*
- *Faites d'abord les choses pour vous et tirez-en une grande satisfaction.*
- *Regardez les autres avec compassion et bienveillance : vous vous en sentirez grandie intérieurement.*

Jeu

COLORIEZ PLUS OU MOINS DE PÉTALES SELON VOTRE DEGRÉ D'ASSURANCE SUR LE POINT CONCERNÉ. QUELLES SOLUTIONS POUVEZ-VOUS ENVISAGER POUR PROGRESSER ?

Entraînez-vous sur le terrain

Vous avez oublié de dire "Bonjour".

Retournez à la case départ.

Votre stagiaire est perdu. Vous l'aidez.

Pour la perte de temps, reculez d'une case. Pour le bon esprit, avancez de 2 cases.

Edmé l'Emporté vous tombe dessus. **Fuyez sa colère avec un 1 ou un 6. Ou passez un tour.**

Gudulle Chuinulle vous tient la jambe 1/2 heure. **Passez 2 tours.**

Tic Tac
16
17
18
19
20
15
Vous faites un compliment
à la gentille assistante
qui vous tape votre rapport en moins de deux.
Allez à la case 22.
21
Vous faites un superbe **F.R.A.P.**
et dissipez les malentendus
avec votre collègue.
Avancez de 2 cases.
Vous n'avez pas osé dire
le fond de votre pensée
en réunion.
Retournez à la case 14.
RAPPORT
URGENT
22
Vous avez dit
"NON !"
au dossier "XXL".
BRAVO !
Prenez le raccourci
jusqu'à la case 15 !
25
24
3T.
Tic Tac
23
26
Vous faites
la position du chêne
et osez demander
une augmentation.
GAGNÉ !
Avancez d'une case.
27
ARRIVée
BRAVO!
Santé!
Vous vous accordez
de rêvasser 5 minutes.
Passez un tour
et ressourcez-vous.

Écrivez votre hymne à l'assertivité

L'objectif ? Ancrer la confiance en vous encore plus profondément... et pour longtemps !

REMPLISSEZ LES BLANCS ET CHANTEZ GAIEMENT, LE MATIN EN VOUS LEVANT.

OUI, C'EST SÛR, J'ASSURE !

Je m'appelle ______________________ *et ça rime avec* ____________ ***(mot positif).***

Je suis plein(e) d' ______________________ , ______________________ ,

______________________ , ______________________ , ______________________ ,

(énergie, enthousiasme, créativité, dynamisme, talents).

J'ai confiance en moi à ______________________ % (>100%) !

Mes peurs, mes doutes, je les ______________________ (verbe de destruction).

J'ai des ailes dans le dos pour aller aussi haut que ______________________

______________ (lieu géographique ou monument).

J'ai un mental fort comme ______________________ (trouvez une comparaison !).

À côté, celui de ______________________ (grand sportif)

à l'air d'être en ______________________ (matière molle). *L'attitude okayplus, c'est trop* ______________________ (expression positive). *Mon enthousiasme rayonne, mes projets* ______________________ (verbe positif).

J'ai commencé avec l'A B C de l'assertivité, j'ai continué tout l'alphabet :

le E comme ______________________ (nom ou verbes positifs en E),

le G comme ______________________ (nom ou verbes positifs en G)

et le V comme ______________________ (nom ou verbes positifs en V).

Aujourd'hui, ma confiance, je l'affiche en format ______________________ .

OUI, C'EST SÛR, J'ASSURE ! (refrain)

Grand quiz final

Test

Vous avez lu cet ouvrage d'un bout à l'autre ? Il est temps maintenant de voir ce que vous avez retenu... À vos crayons et bon quiz !

1 - Combien y a-t-il de types de comportements ?

- ☐ **a** - *2*
- ☐ **b** - *3*
- ☐ **c** - *4*

2 - Parmi ces positions de vie, laquelle s'applique pour un despote ?

- ☐ **a** - +/-
- ☐ **b** - -/+
- ☐ **c** - +/+

3 - Une bonne prise de parole doit contenir :

- ☐ **a** - *Un maximum d'idées en un minimum de temps*
- ☐ **b** - *Des points clés clairement expliqués*
- ☐ **c** - *Le plus possible d'informations détaillées*

4 - Pour se mettre énergie, on peut faire :

- ☐ **a** - *La position du lotus*
- ☐ **b** - *La position du tigre*
- ☐ **c** - *La position du chêne*

5- Le cocktail idéal de la communication se compose d'1/3 d'écoute, 1/3 d'énergie et...

- ☐ **a** - *1/3 de conviction*
- ☐ **b** - *1/3 d'empathie*
- ☐ **c** - *1/3 de séduction*

6 - En tant que manager, comment vous comportez-vous avec Anaë Leffacée en réunion ?

- ☐ **a** - *Vous la laissez dans son coin, vous savez qu'elle a horreur d'intervenir*
- ☐ **b** - *Vous l'invitez à donner son avis en l'encourageant d'un sourire bienveillant*
- ☐ **c** - *Vous attendez qu'elle se manifeste en lui jetant des regards obliques*

7 - Quel objet appartient à Igor Manipulator ?

- ☐ **a** - *Un carnet d'adresses rempli et annoté*
- ☐ **b** - *Une boule anti stress ultra-performante*
- ☐ **c** - *Un punching-ball en cuir*

8 - À quelle technique doit le plus s'entraîner Edmé Lemporté ?

- ☐ **a** - *Le F.R.A.P.*
- ☐ **b** - *La relaxation*
- ☐ **c** - *La prise de parole*

9- Empathie ne veut pas dire :

- ☐ **a** - *Manipulation*
- ☐ **b** - *Gnangnan*
- ☐ **c** - *Contagion émotionnelle*

10- Quand quelqu'un vous confie un de ses soucis, vous :

- ☐ **a** - *Lui donnez immédiatement vos conseils et solutions : vous savez ce qu'il faut faire en pareil cas*
- ☐ **b** - *Vous l'écoutez activement et formulez des questions ouvertes pour l'amener à trouver ses propres réponses*
- ☐ **c** - *Vous l'écoutez patiemment en songeant néanmoins à la liste de choses qu'il vous reste à faire avant la fin de la journée*

11- Gronder est un signe de reconnaissance ?

- ☐ **a** - *Vrai*
- ☐ **b** - *Faux*

12- Quel est le pire scénario pour un enfant ?

- ☐ **a** - *Des parents/copains*
- ☐ **b** - *Des parents/normatifs*
- ☐ **c** - *Des parents/indifférents*

13- Quand on communique, qu'est-ce qui compte autant que les mots ?

☐ **a** - *La tenue vestimentaire*
☐ **b** - *Le non-verbal*
☐ **c** - *L'hygiène buccale*

14- Que fait quelqu'un qui choisit de pratiquer l'effet hélicoptère ?

☐ **a** - *Il fuit les problèmes*
☐ **b** - *Il tente de prendre de la hauteur*
☐ **c** - *Il vient au secours d'une personne en difficultés*

15- Qu'est-ce qu'un timbre ?

☐ **a** - *Une étiquette que l'on colle à quelqu'un*
☐ **b** - *Une intonation de voix pour mieux faire passer son discours*
☐ **c** - *Un grief que l'on garde sur le cœur*

16- Dans le F.R.A.P., à quoi correspond le P ?

☐ **a** - *Poing*
☐ **b** - *Positif*
☐ **c** - *Parlant*

17- Que faire en cas de critique subjective ?

☐ **a** - *Envoyer balader la personne*
☐ **b** - *Savoir la recevoir*
☐ **c** - *Demander des faits fondés*

18- Quand on a un défi à relever, qu'est-ce qui vaut le mieux pour son estime de soi ?

☐ **a** - *Le relever coûte que coûte*
☐ **b** - *Se donner la permission de n'être pas prêt*
☐ **c** - *Ne pas le faire et culpabiliser*

19- Un collègue vous tombe dessus et se répand en complaintes sur les problèmes du service

☐ **a** - *Vous l'écoutez patiemment vider son sac pour être sympa*
☐ **b** - *Vous le stoppez en lui faisant comprendre que vous n'avez vraiment pas le temps*
☐ **c** - *Vous montrez de l'empathie et l'aidez à envisager des solutions*

RÉSULTATS :

★ ***Vous avez obtenu 15 réponses justes ou plus ?***
Bravo ! Vous avez mérité votre diplôme de coolzendoka ! Rendez-vous p. 136.

★ ***Vous avez obtenu entre 8 et 14 bonnes réponses :***
Pas mal ! Vous commencez à intégrer les grands principes de l'affirmation de soi, mais cela mérite quand même que vous relisiez certains passages du livre !

★ ***Vous avez obtenu moins de 7 bonnes réponses :***
Êtes-vous sûr(e) d'avoir lu le livre ? Interdit de tricher et de faire le quiz avant d'avoir lu tous les chapitres !

Réponses :
1-4. 2- +/-. 3- Des points clés. 4- La position du chêne. 5- 1/3 d'empathie. 6- Vous l'invitez à donner son avis. 7- Un carnet d'adresses bien rempli et annoté. 8- Le FRAP. 9- Les trois : manipulation, gnangnan, contagion émotionnelle. 10- Vous l'écoutez activement et formulez des questions ouvertes. 11- Vrai, c'est un signe d'attention négatif mais qui vaut mieux que l'indifférence. 12- Des parents indifférents. 13- Le non-verbal. 14- Il tente de prendre de la hauteur. 15- Un grief que l'on garde sur le cœur. 16- Positif. 17- Demander des faits fondés. 18- Se donner la permission de n'être pas prêt. 19- Vous montrez de l'empathie et l'aidez à envisager des solutions. Acceptable quand même : le stopper, si c'est dit avec bienveillance et assertivité.

RÉPUBLIQUE

DIPLÔME DE C

En affirm

MINISTÈRE DE L'ÉDUC
ET DE LA RECHER

Mention : --

Délivré à M., Mlle, Mme, ----------------------------

Né(e) le --

Je soussigné, Docteur Coolzen, valide par
de M, Mlle, Mme ------------------------------------

Fait à --

Signature du
docteur Coolzen

Docteur Coolzen

E COOLZÉNIE

OOLZENDOKA

tion de soi

TION ÉMOTIONNELLE
IE ZÉNOLOGIQUE

---------- *à* ----------------------------------

résent diplôme les acquis pédagogiques
---------------- *en matière d'affirmation de soi.*

---------- *le* ------------------------------

Signature
du titulaire

Définitions

Les grandes approches du développement personnel

PNL OU PROGRAMMATION NEURO-LINGUISTIQUE

Définition de l'IFPNL, Institut français de programmation neuro-linguistique.

www.ifpnl.fr

"La PNL est un ensemble de méthodes et de techniques de communication et de mise en œuvre du changement pour promouvoir le développement professionnel et personnel. Elle s'appuie sur une "philosophie" à la fois positive et réaliste qui fonde son efficacité."

PNL :

Programmation, *car en apprenant, nous fabriquons des "programmes", c'est-à-dire des apprentissages automatisés. (Automatisé signifie que nous y avons accès sans avoir à réfléchir, comme lorsque nous nouons nos lacets ou lorsque nous conduisons une voiture.)*

Neuro-, *car ces apprentissages s'effectuent grâce à notre système nerveux.*

Linguistique, *car le langage joue un rôle déterminant dans le processus d'apprentissage et reflète à la fois ce que nous pensons et la façon dont nous pensons.*

Bénéfices : *communiquer avec efficacité. Gérer et utiliser au mieux ses états internes et ses ressources. Connaître et utiliser efficacement son fonctionnement mental pour optimiser ses performances. Trouver ses valeurs et ses buts personnels, professionnels et/ou ceux de son entreprise. Déterminer des objectifs clairs, précis, motivants et possibles à atteindre. Résoudre les problèmes qui nous empêchent d'atteindre nos objectifs. Copier et reproduire avec le même succès les compétences que nous envions à ceux qui les possèdent.*

★ L'ANALYSE TRANSACTIONNELLE

Définition de l'IFAT, Institut français d'analyse transactionnel.

www.ifat.net

"L'AT est une théorie de la personnalité et de la communication, et un outil concret d'analyse qui prend en compte la totalité de la personne dans ses fonctions biologiques, psychologiques et sociales. Ses principaux concepts sont ceux d'"états du moi", de "transactions", de "besoins de signes de reconnaissance et de structure", de "position de vie", de "racket et émotions", de "scénario de vie", de "jeux psychologiques" et d'"autonomie".

★ L'INTELLIGENCE ÉMOTIONNELLE

Auteur de référence : Daniel Goleman, **L'intelligence émotionnelle**

L'intelligence émotionnelle prône l'idée qu'il existe une autre forme d'intelligence que le QI, que l'on peut stimuler et développer dès l'enfance : c'est le QE, quotient émotionnel, qui permet notamment de comprendre, maîtriser et utiliser intelligemment ses émotions.

Le bénéfice au quotidien : *une meilleure maîtrise de soi, une plus grande capacité à gérer le stress, à se motiver, à communiquer…*
Les entreprises sont aujourd'hui de plus en plus nombreuses à s'y intéresser et à comprendre l'incidence de l'intelligence émotionnelle sur l'efficacité et la productivité de leurs équipes.

Bibliographie

Les livres de chevet du Docteur Coolzen :

★ **ANALYSE TRANSACTIONNELLE**
Des jeux et des hommes
d'Éric Berne (Stock)

★ **PROGRAMMATION NEURO-LINGUISTIQUE**
LA PNL - Communiquer autrement
de Catherine Cudicio (Eyrolles)

★ **PROCESS COMMUNICATION MANAGEMENT**
Comment leur dire... - La Process Communication
de Gérard Collignon (InterÉditions)

★ **DÉVELOPPEMENT PERSONNEL**
Cessez d'être gentil, soyez vrai !
de Thomas d'Ansembourg (Les Éditions de l'Homme)

★ **INTELLIGENCE ÉMOTIONNELLE**
L'Intelligence du cœur
d'Isabelle Filliozat (Marabout)

★ **ESTIME DE SOI**
Imparfaits, libres et heureux :
Pratiques de l'estime de soi
de Christophe André (Odile Jacob)

★ **DÉVELOPPEMENT PERSONNEL**
Tremblez mais osez
du docteur Susan Jeffers (Marabout)